토픽으로
잡는

똑똑한 초등 독해 9권

KB071699

웅진주니어

독해력은 새로운 정보와 지식을 받아들이는 도구로서 학습 능력을 좌우하는 중요한 능력이에요. 단순히 글자를 읽는 것이 아니라 글에 담긴 글쓴이의 의도를 파악하고, 글을 통해 알게 된 내용을 생활에 활용하는 능력까지 포함해요. 독해력의 바탕은 세 가지예요. 첫째, 어휘력이에요. 어휘는 글의 기본 요소로, 어휘의 뜻을 모르면 글의 내용을 알 수 없어요. 따라서 어휘를 많이 알수록 독해력이 좋아져요. 둘째, 배경지식이에요. 배경지식이 풍부하면 글에 숨겨진 의도와 생각을 짐작할 수 있어, 글을 더 재미있고 효과적으로 읽을 수 있어요. 셋째, 글의 종류에 적합한 읽기 방법이에요. 글의 갈래에 따라 주제를 찾는 방법도 다르기 때문에 갈래마다 알맞은 읽기 방법을 알아야 해요. 「토픽으로 잡는 똑똑한 초등 독해」는 어휘, 배경지식, 갈래에 따른 읽기 방법을 익힐 수 있도록 구성했어요.

이 책의 특징

읽고, 이해하고, 알아 가는 즐거움이 있는 새로운 독해 프로그램!

낱낱의 주제를 가진 지문을 읽고 문제를 푸는 방식에서 벗어나 하나의 토픽을 중심으로 다양한 영역의 지문을 담았습니다. 토픽을 다양한 관점에서 살펴보고, 탐색하는 과정에서 읽고, 이해하고, 알아 가는 즐거움을 느낄 수 있어요.

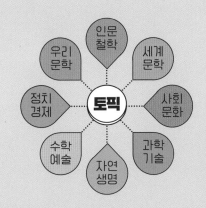

호기심을 자극하는 토픽으로 교과를 넘어 교양까지!

국어, 수학, 사회, 과학 등의 교과와 추천 도서에서 뽑은 인문, 철학, 사회, 문화, 자연, 과학, 수학, 예술 등 여러 영역을 아우르는 토픽을 통해 교과 지식은 물론 폭넓은 교양을 쌓을 수 있어요.

함께 공부할 친구들

하트
자연을 사랑하고
마음이 따뜻한 다정이

부키
항상 책을 끼고 다니며,
정보를 모으는 수집가

뉴뉴
신기하고 새로운 것을
좋아하는 호기심쟁이

스타
세상에서 음악과 친구가
제일 좋은 열정쟁이

드림
세상의 모든 아름다움을
마음에 담고 싶은 예술쟁이

 꼬리에 꼬리를 물고 이어지는 글을 읽으며
독해력, 사고력, 표현력을 한 번에!

꼬리 물기 질문을 통해 독해 포인트를 알고 효과적으로 글을
읽을 수 있어요. 또 토픽에 대한 생각을 글로 표현하며 독해
력과 사고력, 표현력을 키울 수 있어요.

 글의 종류에 알맞은 핵심 질문을 통해
어떤 글도 자신 있게!

신화, 고전, 명작 등의 문학 글과 설명문, 논설문, 편지, 일기 등
의 비문학 글까지 다양한 형식의 글을 접하고 읽는 즐거움을
경험해요. 여러 형식의 문제를 풀며 어떤 글이든 읽어 내는 자
신감을 키워요.

 독해력의 기초인 어휘력을 탄탄하게!

한자어, 합성어, 파생어, 유의어, 반의어, 상·하의어처럼 어휘
관계를 통해 어휘를 익히고, 관용 표현, 맞춤법도 배워요.

이렇게 공부해요!

1단계 흥미로운 토픽으로 생각의 문을 열다!

토픽에 관련한 다양한 질문을 읽으며 배경지식을 활성화하고, 학습 계획을 세워요!

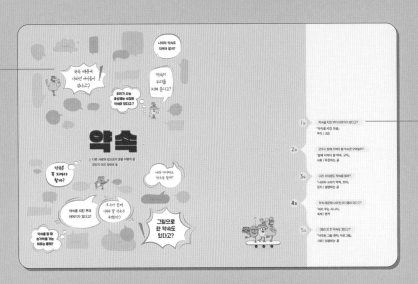

질문을 읽으며 토픽에 대해 알고 있는 것을 떠올려 봐! 아는 것을 많이 떠올릴수록 글을 더 잘 읽을 수 있어!

날마다 읽게 될 글의 갈래와 제목을 살펴보며 공부 계획을 세워 봐!

2단계 질문에 대한 답을 찾으며 생각을 키우다!

읽기 목표에 따라 글을 읽고, 질문을 통해 갈래에 알맞은 읽기 방법을 배워요!

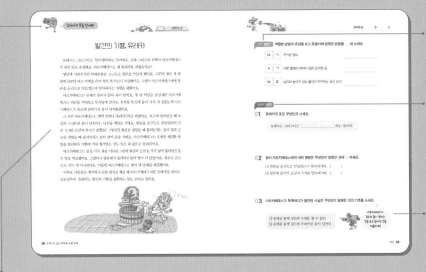

글에서 꼭 살펴야 할 내용이 무엇인지 먼저 보고, 읽기의 목표를 세워 봐!

뜻풀이를 보며 어휘를 맞혀 봐! 초성을 보면 쉽게 답을 찾을 수 있어!

글의 갈래에 따라 꼭 알아야 할 것을 묻는 문제야! 질문에 대한 답을 찾으며 독해력을 키워 봐!

곳곳에 도움을 주는 친구가 있어! 친구가 하는 말을 읽으면 문제가 술술 풀릴 거야!

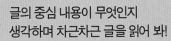

글의 중심 내용이 무엇인지 생각하며 차근차근 글을 읽어 봐!

3단계 다양한 어휘 활동과 토픽 한 줄 정리로 생각을 넓히다!

독해력의 기초인 어휘력을 탄탄히 다지고, 내 생각을 글로 표현해요!

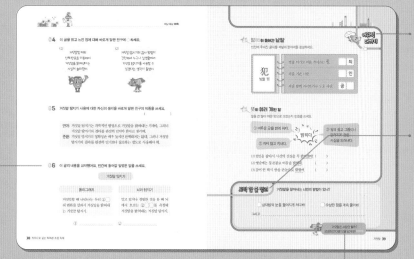

어휘력을 키우는 다양한 활동이 있어. 힌트를 보며 문제를 풀고, 어휘와 뜻을 큰 소리로 읽어 봐!

토픽에 관한 네 생각을 써 봐! 날마다 생각을 쓰는 연습을 하면 표현력도 쑥쑥 자랄 거야!

마지막 문제는 글의 내용을 정리하는 요약하기야. 빈칸을 채워 글을 완성하고, 큰 소리로 읽어 봐! 글의 내용을 기억하는 데 도움이 될 거야!

다음에 이어질 글의 내용을 짐작해 봐! 그리고 내가 짐작한 내용과 실제 글의 내용을 비교해 봐!

4단계 스스로 학습을 점검하며 생각을 다지다!

내가 알고 있는 것과 모르는 것을 구분하는 메타 인지를 훈련해요!

내가 쓴 답과 정답을 비교해 봐!

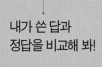

문제에 대한 자세한 풀이가 있어. 내가 제대로 풀지 못한 문제는 무엇이고, 답이 왜 틀렸는지 생각해 봐!

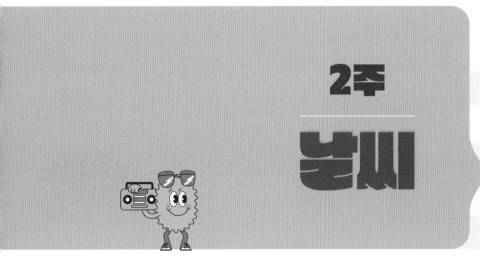

3주
최고

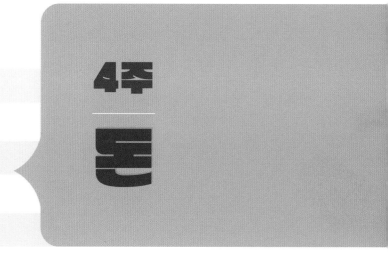

4주
돈

최고의
욕심쟁이는
누구일까?

욕심을
부려야 할 때는
언제일까?

사람들은
왜 욕심을
부릴까?

욕심

| 지나치게 무엇을 탐내거나 누리고자 하는 마음.

욕심은
나쁘기만
할까?

욕심을 부리면 더
많이 가질 수 있을까?

욕심 때문에 나라를
망칠 수 있다고?

사람들은 욕심에
대해 어떻게
생각할까?

지나치게
욕심을 부리면
어떻게 될까?

욕심을
없애려면 어떻게
해야 할까?

우리   전래

흥부 놀부

놀부는 흥부가 제비 다리를 고쳐 주고 부자가 됐다는 소문을 듣고, 배가 아팠어.

"제비가 물고 온 박씨를 심었더니 금은보화 가득 든 박이 열렸다고? 나도 해 봐야지."

그러더니 ㉠자기 집 처마 둥지에서 새끼 한 마리를 꺼내 다리를 똑 분질렀어.

"제비야, 내가 정성껏 고쳐 줄 테니 흥부처럼 부자 되는 박씨 물고 오너라!"

놀부는 제비 다리에 무명천을 대고 무명실로 칭칭 동여맸어.

가을이 되자 제비는 강남으로 날아갔다가 이듬해 봄에 돌아왔지.

"마누라, 나와 보게! ㉡제비가 박씨를 물고 왔네!"

놀부는 울타리 밑에 박씨를 심었어. 몇 달 후, 커다란 박 세 통이 열렸네.

"㉢박 속에 금은보화가 한가득 들어 있으렷다!"

놀부랑 놀부 마누라가 첫째 박을 타니 사당패, 광대 들이 꾸역꾸역 나와. 나와서는,

"놀부네 집에서 한바탕 놀아 보세!"

하더니 꽹과리, 징, 장구, 북을 치며 신명 나게 놀아. 그러고는 놀이값을 달라며 놀부네 재물을 죄다 가져갔어.

"㉣뭔가 잘못된 게 틀림없어! 이번엔 분명 금은보화가 쏟아질 거야."

둘째 박을 타니 키가 장대같이 큰 도깨비들이 끝도 없이 나오지. 도깨비들이 놀부를 밧줄로 꽁꽁 묶고는,

"추운 겨울에 흥부 내쫓고, 멀쩡한 제비 다리를 분지르다니, 천벌을 받을 놈!"

하면서 놀부를 흠씬 두들겨 패고 사라져.

"아이고! 셋째 박엔 금은보화가 들어 있을 거야!"

놀부가 박을 타니 이번에는 똥물만 콸콸 쏟아지네. 놀부랑 놀부 마누라는 결국 재산 홀랑 잃고, 온 집 안에 똥물만 가득 넘쳤대.

어휘 알기 색칠한 낱말과 초성을 보고 뜻풀이에 알맞은 낱말을 ___ 에 쓰세요.

| ㅅ | ㅁ | 흥겨운 신이나 멋.

_____

| ㅅ | ㄷ | ㅍ | 돌아다니며 춤과 노래 등을 공연하던 무리.

_____

| ㄷ | ㅇ | ㅁ | ㄷ | 끈이나 실 따위로 두르거나 감거나 하여 묶다.

_____

독해력 기르기

01 이 글에 나온 놀부에 대한 설명으로 알맞은 것에 모두 ○ 하세요.

(1) 자신의 욕심을 채우기 위해 무엇이든 한다. ( )

(2) 자신의 잘못을 깨닫고 잘못된 행동을 반성한다. ( )

(3) 다른 사람이 자신보다 부자인 것을 못마땅하게 여긴다. ( )

02 놀부가 ㉠처럼 행동한 까닭은 무엇일까요? ( )

① 제비를 괴롭히고 싶어서

② 제비가 우는 소리가 시끄러워서

③ 봄에 박씨를 물고 돌아오는 제비를 잘 알아보기 위해서

④ 부자가 되려면 제비 다리를 고쳐 줘야 하는데 다리 다친 제비가 없어서

⑤ 흥부처럼 제비 다리를 부러뜨리면 부자가 될 수 있다고 생각해서

03 이 글의 주요 사건을 골라 ○ 하세요.

(1) 가을이 되어 제비가 강남으로 날아간 일 ( )

(2) 놀부가 흥부가 부자가 되었다는 소문을 들은 일 ( )

(3) 놀부가 탄 박에서 사당패, 도깨비, 똥물이 나와서 놀부가 벌받은 일 ( )

04 ㉡~㉣에서 놀부가 한 말과 그 속뜻을 알맞게 선으로 이으세요.

(1) ㉡ 제비가 박씨를 물고 왔네! ·

(2) ㉢ 박 속에 금은보화가 한가득 들어 있으렷다! ·

(3) ㉣ 뭔가 잘못된 게 틀림없어! ·

· (가) 금은보화가 잔뜩 쏟아지면 신바람이 절로 나겠네!

· (나) 제비가 박씨를 물고 왔으니, 나도 부자가 되겠구나!

· (다) 다른 박에는 금은보화가 들어 있을 거야!

05 이 글에서 배운 교훈을 알맞게 말하지 <u>못한</u> 친구의 이름을 쓰세요.

(   )

태리: 나쁜 짓을 하면 벌을 받을 수 있으니 올바르게 행동해야 해.
주혁: 제비처럼 작은 동물에게 지나치게 기대하면 안 된다는 교훈을 얻었어.
유림: 욕심이 지나치면 화를 부른다는 말이 딱 맞아. 놀부처럼 욕심을 부리면 안 된다는 걸 배웠어.

06 이 글의 내용을 요약했어요. 빈칸에 들어갈 알맞은 말을 쓰세요.

놀부는 박씨를 얻을 욕심에 멀쩡한 제비 다리를 부러뜨리고 고쳐 주었다. 이듬해, 제비가 물고 온 ① □□를 심자 커다란 박 세 통이 열렸다. 신이 난 놀부가 박을 타자 첫 번째 박에서는 사당패와 광대가 나와 놀부의 ② □□을 가져갔고, 두 번째 박에서는 ③ □□□들이 나와 놀부를 흠씬 두들겨 팼다. 세 번째 박에서는 똥물이 쏟아졌다.

① _____ ② _____ ③ _____

꾸며 주는 말

빈 곳에 들어갈 알맞은 말을 찾아 쓰세요.

> 흠씬　　한바탕　　꾸역꾸역

놀부 집에서

＿＿＿＿＿

놀아 보세!

뜻 한판 크게.

놀부가
도깨비들에게

＿＿＿＿＿

두들겨 맞았다.

뜻 매 따위를 심하게 맞는 모양.

모양이 같은 말

밑줄 친 말의 뜻으로 알맞은 것을 찾아 선으로 이으세요.

(1) 언니가 미술
대회에서 상을 <u>타다</u>.

• (개) 박 따위를 톱 같은
기구로 밀었다 당겼다
하여 갈라지게 하다.

(2) 놀부가 신나게
박을 <u>타다</u>.

• (내) 몫으로 주는 돈이나
물건 따위를 받다.

'타다'라는 낱말에는
여러 가지 의미가 있어.
'장작이 타다.', '버스를
타다.'에서 '타다'는
또 다른 뜻이야.
사전을 찾아봐!

토픽 한 줄 정리

네가 제비라면 놀부에게 무엇이 나오는 박씨를 주고 싶니?

☐ 호랑이　　　☐ 밤송이　　　☐ ＿＿＿＿＿＿

왜냐하면 ＿＿＿＿＿＿＿＿＿＿＿＿＿＿＿＿＿＿＿＿＿

욕심에 관한 속담을 알고 있니?
궁금하면 다음 장을 넘겨 봐! >>>>>

욕심에 관한 속담

속담은 교훈이나 풍자를 위해 어떤 사실을 다른 것에 빗대어 짧게 표현한 것이에요. 속담 중에는 지나친 욕심을 조심하라는 뜻을 가진 것도 많아요.

'뱁새가 황새 따라가면 가랑이 찢어진다'라는 속담을 들어 보았나요? 작은 뱁새가 아무리 종종 걸어도 다리가 긴 황새를 따라잡을 수 없어요. 가랑이를 너무 많이 벌리고 달리다가는, 크게 다쳐 가만히 있는 것보다 못한 상태가 될 수도 있어요. 이 속담은 자기 능력이나 상황에 맞지 않게 억지로 남을 따라 하면 큰 피해를 본다는 뜻이에요.

'가는 토끼 잡으려다 잡은 토끼 놓친다'라는 속담도 있어요. 운 좋게 토끼를 잡았는데, 다른 토끼를 더 잡겠다고 욕심을 부리다 먼저 잡은 토끼마저 놓치는 상황을 뜻하는 말이에요. 한꺼번에 여러 가지 일을 하려고 욕심을 부리다가 이미 이룬 일까지 실패할 수 있다고 경고할 때 이 속담을 쓰지요.

'혹 떼러 갔다 혹 붙여 온다'라는 속담은 '혹부리 영감'이라는 옛이야기에서 나왔어요. 착한 혹부리 영감이 혹을 떼었다고 하니, 욕심쟁이 영감도 혹을 떼러 도깨비에게 갔다가 오히려 혹을 하나 더 붙이게 된 이야기예요. 이익을 얻으려고 욕심을 부리다가 오히려 손해를 보게 된 경우를 빗대어 표현한 속담이에요.

속담은 짧은 문장 속에 깊은 의미를 담고 있어서 간결하면서도 분명하게 뜻을 전달할 수 있어요. 누군가 지나치게 욕심부리는 모습을 본다면 잘못을 깨우치게 하는 속담 한마디를 건네 보세요.

어휘 알기 　색칠한 낱말과 초성을 보고 뜻풀이에 알맞은 낱말을 ＿＿에 쓰세요.

| ㅂ | ㅅ | 　전체 몸길이가 13cm 정도 되는 작은 새의 한 종류로, 재빠르고 날쌔다.

＿＿＿＿＿＿＿＿＿＿＿

| ㅍ | ㅈ | 　어떤 것의 잘못된 점을 지적할 때 웃음을 곁들여 돌려서 말하는 것.

＿＿＿＿＿＿＿＿＿＿＿

| ㄱ | ㄱ | ㅎ | ㄷ | 　간단하면서도 짜임새가 있다.

＿＿＿＿＿＿＿＿＿＿＿

독해력 기르기

01 　이 글에 나온 속담들의 공통점은 무엇인지 빈칸에 알맞은 말을 쓰세요.

　　□□ 에 대한 내용을 담은 속담이다.

02 　이 글에서 설명한 속담과 속담의 의미를 각각 알맞게 선으로 이으세요.

(1) 가는 토끼 잡으려다 잡은 토끼 놓친다 ・

・(가) 자기 능력에 맞지 않게 억지로 남을 따라 하다 큰 피해를 본다.

(2) 뱁새가 황새 따라가면 가랑이 찢어진다 ・

・(나) 이익을 얻으려고 욕심을 부리다가 오히려 손해를 보게 된다.

(3) 혹 떼러 갔다 혹 붙여 온다 ・

・(다) 이미 얻은 것을 두고, 다른 것을 욕심내다 이미 얻은 것마저 잃는다.

03 이 글에서 설명한 내용이 <u>아닌</u> 것에 ✕ 하세요.

(1) 속담은 긴 문장으로 깊은 의미를 전달할 수 있다. ( )

(2) 속담은 교훈을 주려고 어떤 사실을 다른 것에 빗대어 표현한 것이다. ( )

(3) 누군가 지나치게 욕심을 부리면 속담을 이용하여 잘못을 깨우치게 할 수 있다.

( )

04 이 글에 나온 속담을 상황에 알맞게 쓴 친구의 이름을 쓰세요.

( )

> 지호: 동생이 내가 푸는 수학 문제를 욕심내며 풀려고 할 때 '가는 토끼 잡으려다 잡은 토끼 놓친다'라고 말해 줄 거야.
>
> 승재: 저번에 숙제가 많다고 선생님께 투정 부렸더니 선생님이 숙제를 오히려 더 많이 내 주셨어. 혹 떼러 갔다가 혹 붙여 온 셈이지.
>
> 보아: 나는 열심히 공부해 봤자 우리 반 회장을 따라갈 수 없으니 공부할 필요가 없어. 뱁새가 황새 따라가면 가랑이 찢어지는 거야.

05 이 글의 내용을 요약했어요. 빈칸에 들어갈 알맞은 말을 쓰세요.

> 욕심에 대한 속담이 있다. '뱁새가 ①◻◻ 따라가면 가랑이 찢어진다'는 자기 능력에 맞지 않게 억지로 남을 따라 하다 큰 피해를 본다는 뜻이다. '가는 토끼 잡으려다 잡은 토끼 놓친다'는 ②◻◻ 때문에 이미 얻은 것도 잃는 상황을 의미한다. '혹 떼러 갔다가 혹 붙여 온다'는 이익을 얻으려고 욕심부리다가 오히려 손해를 본다는 뜻이다. 누군가 욕심을 부리는 상황에서 ③◻◻을 통해 잘못을 깨닫게 할 수 있다.

① _____ ② _____ ③ _____

이름을 나타내는 말

빈 곳에 들어갈 신체 부위를 나타내는 말을 알맞게 선으로 이으세요.

(1)

내가 친구의 _____를 걷어찼다.

•

•

가랑이

뜻 하나의 몸에서 끝이 갈라져 두 갈래로 벌어진 부분.

(2)

아이가 풍선을 _____에 끼고 뛰었다.

•

•

정강이

뜻 무릎 아래에서 앞쪽 뼈가 있는 부분.

 헷갈리는 말

알맞은 말에 ○ 하세요.

붙이다		부치다
맞닿아 떨어지지 않게 하다.	VS	편지나 물건 따위를 어떤 방법을 써서 상대에게 보내다.

'붙이다'와 '부치다'는 소리가 같아서 잘못 쓰는 경우가 많으니 조심해!

(1) 내가 (붙인 , 부친) 편지 잘 받았니?

(2) 도깨비가 혹부리 영감에게 혹을 하나 더 (붙이다 , 부치다).

토픽 한 줄 정리   욕심을 부리다 후회한 적이 있니?

☐ 없어!   ☐ 있어!

_____을(를) 욕심내다 _____

 계속 욕심을 부리면 어떻게 될까? 궁금하면 다음 장을 넘겨 봐! >>>>>

황금알을 낳는 거위

옛날 한 마을에 농부 부부가 살았어. 두 사람은 가난했지만 참 행복했어. 부지런히 일하며 착하게 사니 그렇지.

하루는 농부가 밭에서 일하고 오니, 마당에서 거위 한 마리가 왔다 갔다 하는 거야.

"아니, 웬 거위지?"

"누가 잃어버렸나 보네. 주인이 나타날 때까지 잘 보살핍시다."

농부랑 농부 아내는 밀과 보리쌀을 주며 거위를 정성껏 돌보았어.

얼마쯤 지나자 거위가 알을 하나 낳네. 그런데 번쩍번쩍 황금빛이 나지 뭐야.

"아니, 여보, 이거 황금알이 아니오?"

"그러게요. 분명 황금알이네요."

거위는 날마다 황금알을 딱 한 개씩 낳았어. 농부는 황금알을 장에 내다 팔았지. 농부네는 점점 살림이 넉넉해졌어. 논도 사고, 밭도 사고, 집도 새로 지었지.

"우리가 부자가 되었네!"

"다 황금알을 낳는 거위 덕분이지요."

부자가 되자 착하고 부지런하던 농부 부부는 점점 게을러졌어. 농사도 안 짓고 빈둥빈둥 놀기만 했지. 할 일이 없고 몸이 편하니 두 사람은 또 다른 욕심이 생겼어.

"나라에서 제일가는 부자가 되고 싶어. 무슨 방법이 없을까?"

농부가 묻자 아내가 말했어.

"거위가 황금알을 하루에 한 개씩 낳으니 배 속에는 황금알이 가득 들었을 거예요. 그 황금알을 한꺼번에 얻으면 되지요."

"어이쿠, 왜 그 생각을 못 했을까! 어서 거위 배를 갈라 봅시다."

두 사람은 서둘러 거위를 붙잡고 배를 갈랐어. 하지만 배 속은 텅 비어 있었지.

"아이고, 내 거위! 황금알을 낳는 내 거위!"

농부와 농부 아내는 땅을 치고 후회했어. 하지만 거위는 이미 죽어 버렸는걸, 뭐!

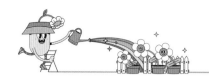
어휘 알기 색칠한 낱말과 초성을 보고 뜻풀이에 알맞은 낱말을 ___에 쓰세요.

| ㅅ | ㄹ | 살아가는 형편이나 정도.

_____

| ㅂ | ㄹ | ㅆ | 보리를 찧어 겉껍질을 벗겨낸 낟알.

_____

| ㅈ | ㅇ | ㄱ | ㄷ | 여럿 가운데서 가장 뛰어난 것으로 꼽다.

_____

독해력 기르기

01 거위가 황금알을 낳자 농부 부부가 어떻게 변했는지 알맞은 것에 모두 ○ 하세요.

(1) 더 부지런히 일하며 착하게 살았다.   (   )

(2) 농사를 짓지 않고 빈둥빈둥 놀기만 했다.   (   )

(3) 나라에서 제일가는 부자가 되고 싶어 했다.   (   )

02 농부 부부가 거위 배를 가른 까닭과 결과를 알맞게 선으로 이으세요.

* (가) 황금알을 한꺼번에 얻으려고

(1) 거위 배를 가른 까닭 •

* (나) 거위 배 속에 무엇이 들었는지 알아보려고

* (다) 나라에서 제일가는 부자가 되었다.

(2) 거위 배를 가른 결과 •

* (라) 다시는 황금알을 가질 수 없게 되었다.

03 농부 부부가 욕심을 부리지 않았다면 이야기가 어떻게 달라졌을지 알맞게 짐작하지 <u>못한</u> 친구의 이름을 쓰세요. (   )

> 나영: 농부 부부는 날마다 황금알을 한 개씩 낳아 주는 거위를 잘 돌봐 주며 계속 행복하게 살았을 것 같아.
>
> 신우: 농부 부부는 착하다고 했으니까 황금알 덕분에 모은 재산을 이웃과 나누었을 거야.
>
> 이준: 거위를 비싼 값에 팔 수 있는 방법을 알아봤을 것 같아.

04 이 글에 대한 감상을 알맞게 말하지 <u>못한</u> 친구에 ○ 하세요.

(1) 농부 부부가 욕심을 부린 건 거위 때문이야. 거위가 황금알을 한 번에 여러 개 낳았다면 욕심부릴 일도 없었다고!

(2) 농부 부부가 욕심을 부리지 않았다면 황금알을 낳는 거위도 잃지 않고, 행복하게 살았을 텐데, 안타까워.

(3) 농부 부부는 욕심 때문에 어리석은 행동을 한 거야. 욕심이 사람을 얼마나 어리석게 만드는지 알게 되었어.

05 이 글의 내용을 요약했어요. 빈칸에 들어갈 알맞은 말을 쓰세요.

> 착하게 살던 농부 부부는 ①□□□을 낳는 거위를 만난 후 황금알을 팔아 부자가 되었다. 부부는 점점 게을러졌고, 더 부자가 되고 싶은 ②□□이 생겨 거위의 배를 갈랐다. 하지만 ③□□의 배 속에는 아무것도 없었고, 농부 부부는 후회했다.

① _____   ② _____   ③ _____

뜻이 비슷한 말

밑줄 친 말과 뜻이 비슷한 낱말에 ✓하세요.

(1)
농부가 하인을 <u>여럿</u> 두었다.
☐ 다수 ☐ 여기

[뜻] 많은 수의 사람이나 물건.

(2)
농부가 황금알을 <u>팔다</u>.
☐ 주다 ☐ 판매하다

[뜻] 값을 받고 물건 따위를 남에게 넘기다.

(3)
농부가 거위의 배를 <u>가르다</u>.
☐ 자르다 ☐ 움직이다

[뜻] 쪼개거나 양쪽으로 열어젖히다.

(4)
농부가 거위를 <u>붙잡다</u>.
☐ 놓다 ☐ 붙들다

[뜻] 달아나지 못하게 잡다.

뜻이 여러 개인 말

밑줄 친 말이 어떤 뜻으로 쓰였는지 번호를 쓰세요.

① 크기나 수량이 기준에 차고 남는다.

② 마음이 넓고 여유가 있다.

넉넉하다

③ 살림살이가 모자라지 않고 여유가 있다.

(1) 농부네 집은 거위 덕분에 살림이 <u>넉넉해졌다</u>. (   )

(2) 시간이 <u>넉넉하니</u> 서두르지 말자. (   )

(3) 네가 <u>넉넉한</u> 마음으로 이해해 주길 바랄게. (   )

토픽 한 줄 정리

등장인물에게 어떤 말을 해 주고 싶니?

☐ 거위에게   ☐ 농부 부부에게

_____

욕심이 지나치면 나라까지 망칠 수 있다고?
궁금하면 다음 장을 넘겨 봐! >>>>>

지나친 욕심은 나라까지 망친다

'욕심이 지나치면 반드시 망한다.'라는 말이 있어요. 역사를 보면 이 말이 맞다는 것을 보여 주는 예가 여럿 있습니다.

루이 14세는 '태양왕'이라 불릴 만큼, 강력한 권력을 휘두른 프랑스의 왕입니다. 그는 자신의 힘과 권력을 과시하고자 베르사유에 화려한 궁전을 짓고, 귀족들을 불러 무도회를 열었습니다. 이를 위해 필요한 돈은 백성들에게서 거둬들였지요. 세금이 늘어날수록 백성들의 불만도 높아졌습니다. 루이 14세의 뒤를 이은 왕들도 사치스러운 생활을 이어 갔고, 결국 루이 16세 때 백성들의 불만이 터져 나왔습니다. 1789년, 백성들은 프랑스 혁명을 일으켰고, 왕권은 무너졌습니다.

현대의 인물로는 필리핀의 마르코스 대통령과 그의 부인 이멜다를 들 수 있습니다. 1960년대까지 필리핀은 아시아에서 일본 다음으로 잘사는 나라였습니다. 하지만 1965년 마르코스가 대통령이 된 뒤, 필리핀은 몰락했습니다. 마르코스는 21년 동안 법을 바꾸며 대통령직을 계속 맡았고, 독재 정치를 하며 민주주의를 짓밟았습니다. 돈에 대한 욕심도 엄청나, 나랏돈을 빼돌려 제 주머니를 채웠지요. 부인 이멜다도 사치가 심했습니다. 1986년, 부정 선거로 국민들에 의해 쫓겨나 하와이로 도망쳤는데, 이들 부부가 살던 대통령궁에서 발견된 이멜다의 구두만 3,000켤레가 넘었다고 하지요.

이처럼 지나친 욕심은 나 자신뿐 아니라 나라까지 망하게 할 수 있습니다. 그러니 지나친 욕심을 부리지 맙시다.

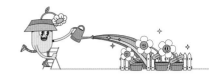

어휘 알기   색칠한 낱말과 초성을 보고 뜻풀이에 알맞은 낱말을 ＿에 쓰세요.

| ㅇ | ㄱ | 왕이 지닌 권리와 힘. | _____ |

| ㄷ | ㅈ | 어떤 개인이나 단체가 모든 권력을 차지하고 모든 일을 혼자 판단하고 결정하는 것. | _____ |

| ㅁ | ㄹ | ㅎ | ㄷ | 재물이나 세력 따위가 줄어들고 약해져 보잘것없어지다. | _____ |

독해력 기르기

01   이 글에 대한 설명으로 알맞지 <u>않은</u> 것은 무엇인가요? (　　　)

① 이 글은 지나친 욕심을 부리지 말자고 주장하는 글이다.

② 지나친 욕심으로 나라를 망친 예를 두 가지 제시했다.

③ 루이 14세가 대표적으로 나라를 위해 한 일들을 설명했다.

④ 프랑스 왕과 필리핀의 대통령에 대한 사실로 주장을 뒷받침했다.

⑤ 나라의 지도자가 욕심을 부리면 나라를 망하게 할 수 있다고 주장했다.

02   이 글에 나온 루이 14세에 대한 내용으로 알맞지 <u>않은</u> 것은 무엇인가요? (　　　)

① 루이 14세는 백성들에게 불만이 많았다.

② 태양왕으로 불릴 만큼 강력한 권력이 있었다.

③ 자신을 과시하고 싶은 욕심이 많은 프랑스의 왕이었다.

④ 베르사유에 화려한 궁전을 짓고 귀족들을 불러 무도회를 열었다.

⑤ 자신의 욕심을 채우기 위해 백성들에게 세금을 많이 걷었다.

03 이 글을 읽고 필리핀의 마르코스 대통령에 대한 생각을 알맞게 말한 친구의 이름을 쓰세요. (   )

> 현이: 마르코스 대통령 때문에 온 국민이 피해를 입었어. 그래도 자신의 잘못 을 반성해서 다행이야.
>
> 서진: 마르코스 대통령은 나라와 국민을 위하지 않고 자기 자신의 욕심을 채 우는 일을 많이 한 것 같아.
>
> 윤서: 21년 동안이나 대통령을 했는데 나라에서 쫓겨나다니 불쌍하다는 생각 이 들어.

04 이 글을 읽고 느낀 점을 알맞게 말하지 <u>못한</u> 친구에 ○ 하세요.

(1) 욕심이 지나치면 자신을 망하게 할 뿐 아니라, 많은 사람들에게 피해를 줄 수 있다는 생각이 들었어.

(2) 한 나라를 책임지는 왕과 대통령이 자신의 욕심만 채우려 하면 안 되지. 지나치게 욕심 많은 사람을 대통령으로 뽑으면 안 되겠어.

(3) 대통령이라면 마르코스 대통령처럼 욕심이 많아야 해. 그래야 나라가 발전할 수 있어.

05 이 글의 내용을 요약했어요. 빈칸에 들어갈 알맞은 말을 쓰세요.

> '① ◻◻이 지나치면 반드시 망한다.'라는 말이 있다. 프랑스의 왕 루이 14세 는 자신의 욕심을 채우기 위해 ② ◻◻들을 힘들게 했다. 백성들의 불만이 쌓이다 루이 16세 때 혁명이 일어났고, 결국 왕권은 몰락했다. 필리핀의 마르 코스 대통령은 독재 정치를 하고 나랏돈을 빼돌렸다. 그래서 잘살던 나라가 몰 락했다. 지나친 욕심은 ③ ◻◻까지 망하게 할 수 있으므로 지나친 욕심을 부리지 말아야 한다.

① _____   ② _____   ③ _____

📖 뜻이 비슷한 말

밑줄 친 말과 뜻이 비슷한 낱말에 ✔ 하세요.

대통령이 국민의 자유를 짓밟다. ☐ 뒤쫓다 ☐ 억압하다	왕이 나랏돈을 빼돌리다. ☐ 훔치다 ☐ 돌리다	왕 때문에 나라가 망하다. ☐ 몰락하다 ☐ 망설이다
뜻 함부로 침범하고 해를 주다.	뜻 몰래 빼내어 보내거나 감추다.	뜻 개인, 가정, 나라 따위가 제구실을 하지 못하고 끝장이 나다.

📖 준말

밑줄 친 말을 바르게 줄인 것에 ○ 하세요.

(1) 엄마가 말린 과일들을 <u>거두어들였다</u>.

→ 거둬들였다   거더들였다

(2) 농부가 밭에서 농작물을 정성스레 <u>거두어들이다</u>.

→ 거둬드리다   거둬들이다

(3) 왕이 많은 세금을 <u>거두어들였다</u>.

→ 걷어들였다   거둬들였다

'거두어들이다'는 '한데 모아 가져오다.'라는 뜻과 '다른 사람들에게 돈이나 물건을 받아서 가져오다.'라는 뜻이 있어. '거둬들이다'는 '거두어들이다'를 줄인 말이야.

토픽 한 줄 정리

네가 아는 사람 중 가장 욕심 많은 사람은 누구니?

가장 욕심 많은 사람은 _____ (이)야.

_____ 을(를) 욕심내지.

욕심은 무조건 나쁘기만 한 걸까?
궁금하면 다음 장을 넘겨 봐! >>>>>

욕심은 나쁠까, 좋을까?

사회자 '욕심'에 대해 어떻게 생각하나요?

유연 욕심은 남에게 피해를 줄 수 있으므로 좋지 않습니다. 학교 급식을 생각해 봅시다. 학생 수에 맞춰 반찬을 준비했는데, 앞서 음식을 받는 아이들이 맛있는 반찬을 적당히 가져가지 않고 모조리 가져가면 어떻게 될까요? 뒤에 있는 아이들은 반찬을 못 먹게 됩니다. 또, 욕심은 사람을 불행하게 만들기도 합니다. 이야기나 뉴스를 통해 남의 것을 욕심내다 큰 잘못을 저지르고 처벌받는 사람들에 대해 들어 보았을 것입니다. 이렇게 욕심은 좋은 점보다 나쁜 점이 더 많습니다. 그러므로 우리는 욕심을 부리지 않도록 조심해야 합니다.

승헌 욕심이 무조건 나쁜 건 아닙니다. 더 잘하고 싶고, 더 좋은 것을 갖고 싶어 하는 마음은 우리를 발전시키고, 꿈을 향해 나아갈 수 있게 합니다. 특히 이기려는 욕심, 즉 승부욕은 좋은 점이 많습니다. 운동선수들은 승부욕 덕분에 더 맹렬히 경기에 임하고, 고된 훈련을 이겨 낼 수 있습니다. 승부욕은 큰 발전을 이끌기도 합니다. 기업들은 경쟁 업체보다 더 좋은 제품을 만들기 위해 경쟁을 벌입니다. 기업들의 이러한 경쟁 덕분에 우리의 생활은 더욱 편리해지고 있습니다. 남들보다 먼저 이루고자 하는 욕심이 없다면 경쟁도 없고 발전도 없을 것입니다.

사회자 욕심은 때에 따라 좋은 결과를 가져오기도 하고, 나쁜 결과를 가져오기도 하는 것 같습니다. 욕심을 이롭게 쓰는 방법이 무엇인지 함께 생각해 보아야겠습니다.

어휘 알기 색칠한 낱말과 초성을 보고 뜻풀이에 알맞은 낱말을 ___에 쓰세요.

| ㅇ | ㄹ | ㄷ | 이익이 있다.   _____

| ㅁ | ㅈ | ㄹ | 하나도 빠짐없이 모두.   _____

| ㅁ | ㄹ | ㅎ | 기세가 몹시 사납고 세찬 정도로.   _____

| ㄱ | ㄷ | ㄷ | 하는 일이 힘에 겨워 지치고 힘들다.   _____

독해력 기르기

01 유연이의 의견으로 알맞은 것을 모두 골라 ○ 하세요.

(1) 욕심 때문에 불행해질 수 있다.   (   )

(2) 욕심이 나쁘지만은 않다고 생각한다.   (   )

(3) 욕심은 꿈을 향해 나아갈 힘이 될 수 있다.   (   )

(4) 욕심은 남에게 피해를 줄 수 있으므로 좋지 않다. (   )

02 승헌이가 자신의 주장을 뒷받침하기 위해 말한 것을 모두 고르세요.

(,   )

① 욕심을 부리면 맛있는 반찬을 먼저 먹을 수 있다.

② 운동선수들은 이기려는 욕심으로 고된 훈련을 이겨 낸다.

③ 맛있는 반찬에 욕심내는 친구들이 많아서 급식이 맛있어진다.

④ 친구 물건에 욕심내다 보면 더 좋은 것을 가질 수 있게 된다.

⑤ 기업들이 좋은 제품을 만들기 위해 경쟁하며 생활이 편리해졌다.

03 다음 중 유연이와 비슷한 생각을 하는 친구는 누구인지 이름을 쓰세요.

(   )

> 이수: 사람이 살아가는 데 욕심은 꼭 필요해. 자기가 가진 것에 만족해 노력하지 않는다면 더 큰 꿈을 이룰 수 없을 거야.
>
> 희진: 욕심은 끝도 없이 생겨나는 거야. 욕심을 멈추지 못하면 아무리 많은 것을 가져도 불행해질 거야.
>
> 예은: 다른 사람보다 잘하고자 하는 욕심이 없는 사람은 성공할 수 없어. 친구보다 공부를 잘하려는 욕심이 있어야 공부도 열심히 할 수 있어.

04 승헌이가 말한 승부욕의 예로 알맞은 것에 ○ 하세요.

(1) 체조 선수가 남들보다 잘하기 위해 하루에 10시간 넘게 훈련했다. (   )

(2) 윤주는 달리기 시합에서 일 등을 하려고 친구를 밀치고 달렸다. (   )

05 이 글의 내용을 요약했어요. 빈칸에 들어갈 알맞은 말을 쓰세요.

욕심은 나쁠까, 좋을까?

유연: 욕심은 나쁘다.

욕심은 남에게 ①□□를 주고, 사람을 불행하게 만들기도 한다.

승헌: 욕심은 좋은 점이 있다.

욕심은 우리에게 ②□을 향해 나아갈 힘을 준다. 욕심이 있어야 ③□□할 수 있다.

① _____   ② _____   ③ _____

뜻이 비슷한 말

다음 낱말과 뜻이 비슷한 말이 <u>아닌</u> 것에 ✕ 하세요.

(1)
무조건
이리저리 살피지 않고 덮어놓고.

> 예 부모님은 나를 <u>무조건</u> 사랑하신다.

무턱대고

무작정   신중히

(2)
적당히
정도에 알맞게.

> 예 욕심을 <u>적당히</u> 부려야 한다.

적절히   매우

어지간히

올바른 띄어쓰기

밑줄 친 부분을 바르게 띄어 써 보세요.

(1) 나는 밥을 <u>못먹었다.</u> →

| 나 | 는 | | 밥 | 을 | | | | | | | |

(2) 나는 밥을 먹지 <u>못했다.</u> →

| 나 | 는 | | 밥 | 을 | | 먹 | 지 | | | | |

> 어떤 행동을 할 수 없음을 뜻하는 '못'은 짧은 문장일 때는 띄어 쓰고, 긴 문장일 때는 '-지 못하다.'처럼 붙여 써야 해.

토픽 한 줄 정리

욕심에 대해 어떻게 생각하니?

☐ 욕심은 좋은 거야!   ☐ 욕심은 나쁜 거야!

왜냐하면 _____

오늘 날씨를 어떻게 예측할까?

사람들은 어떤 날씨를 좋아할까?

날씨는 왜 계속 변할까?

날씨

| 비, 구름, 바람 등이 나타나는 그날그날의 기상 상태.

날씨를 미리 알면 어떤 점이 좋을까?

일기 예보에서 무엇을 알려 줄까?

왜 날씨가 점점 더워질까?

구름을 보면 날씨를 알 수 있다고?

날씨를 연구하는 사람은 누구일까?

날씨는 우리와 무슨 상관이 있을까?

구름 박사, 루크 하워드

어려서부터 구름을 좋아했던 루크 하워드는 하늘의 구름을 보며 의문을 가졌어요.

'구름은 어떻게 만들어질까? 구름 모양을 관찰하면 날씨를 예측할 수 있을까?'

열 살 때부터 루크는 날마다 날씨 일기를 썼어요. 기온, 바람의 방향, 비의 양 그리고 구름 모양 등을 기록했어요.

그런데 기록을 할 때마다 불편한 점이 있었어요. 구름마다 모양과 떠 있는 위치가 달라 그것을 어떻게 적어야 할지 난감했죠. 어쩔 수 없이 그림으로 그릴 수밖에 없었어요.

어른이 된 뒤에도 루크의 구름 사랑은 변치 않았어요.

'날씨 연구를 체계적으로 해 봐야겠어.'

루크는 아스케시안 협회라는 과학 모임에 가입해, 회원들과 연구하고 토론하며 날씨와 과학을 공부했어요. 그런데 회원들과 이야기를 나눌 때도 구름 이름이 없는 것이 몹시 불편했어요.

'아무래도 구름에 이름을 붙여야겠어. 스웨덴의 식물학자 린네가 동식물의 특징을 바탕으로 생물을 짜임새 있게 분류했다던데, 나도 구름의 특징을 기준으로 구름에 이름을 붙여야지.'

루크는 구름의 모양과 높이에 따라 권운, 적운, 층운 세 갈래로 나누고, 이 세 가지 구름이 서로 합쳐져서 만들어진 구름도 따로 구분했어요. 1802년, 루크는 『구름에 관하여』라는 책을 통해 구름의 분류 기준과 이름을 발표했어요. 협회 회원들은 루크 덕분에 드디어 구름에 이름을 붙일 수 있게 되었다며 기뻐했어요. 루크가 정한 구름의 이름은 널리 알려졌고, 미국의 대백과사전에도 실렸어요.

사람들은 루크의 구름 분류법을 바탕으로 구름을 더 연구했어요. 그래서 오늘날에는 구름을 더 자세하게 구분하게 되었고, 구름의 이름도 다양해졌어요.

어휘 알기 색칠한 낱말과 초성을 보고 뜻풀이에 알맞은 낱말을 ___에 쓰세요.

ㅎ	ㅎ	같은 목적을 가진 사람들이 만들어 유지해 나아가는 모임.

_____

ㅂ	ㄹ	종류에 따라 가름.

_____

ㅉ	ㅇ	ㅅ	글 따위의 내용이 앞뒤의 연관과 체계를 제대로 갖춘 상태.

_____

ㄴ	ㄱ	ㅎ	ㄷ	이렇게 하기도 저렇게 하기도 어려워 처지가 매우 딱하다.

_____

독해력 기르기

01 루크 하워드가 구름에 이름을 붙인 까닭으로 알맞은 것은 무엇인가요? (   )

① 구름이 어떻게 만들어지는 것인지 궁금해서

② 구름에 이름을 붙이고 유명해지고 싶어서

③ 과학 모임의 회원들이 구름에 이름을 붙여 달라고 해서

④ 구름 이야기를 나누고, 날씨를 기록할 때 구름 이름이 없으니 불편해서

⑤ 식물학자 린네가 동식물을 분류한 것이 대단하다고 느껴져서

02 다음 중 루크 하워드가 이룬 일을 모두 찾아 ○ 하세요.

(1) 동식물의 특징에 따라 짜임새 있게 동식물을 분류했다.   (   )

(2) 『구름에 관하여』라는 책을 썼고, 날씨 연구와 관찰을 꾸준히 했다.   (   )

(3) 구름의 모양과 떠 있는 높이에 따라 구름을 분류하고 이름을 붙였다. (   )

(4) 많은 사람들에게 정보를 체계적으로 알려 주는 대백과사전을 만들었다.

(   )

해답·해설 98쪽

03 루크 하워드가 구름을 어떻게 나누어 이름을 붙였는지 빈칸에 알맞은 말을 쓰세요.

구름의 모양과 높이에 따라 [ ][ ] , [ ][ ] , [ ][ ] 으로

나누고, 이 세 가지 구름이 합쳐져서 나타나는 구름을 다시 몇 가지로 나누었다.

04 이 글을 읽고 루크 하워드에 대한 생각을 알맞게 말하지 <u>못한</u> 친구에 ○ 하세요.

(1)
어려서부터 구름을 좋아하고 관찰하여 날씨 일기를 쓴 걸 보면 루크 하워드는 관찰력이 뛰어난 사람인 것 같아.

(2)
린네가 동식물을 분류한 방법대로 구름에 이름을 붙인 것은 쉬운 일이었을 것 같아. 뭐든지 따라 하는 건 쉬운 거잖아.

(3)
루크 하워드의 노력 덕분에 구름에 이름을 붙여 부를 수 있게 되었으니 감사한 마음이 들어.

05 이 글의 내용을 요약했어요. 빈칸에 들어갈 알맞은 말을 쓰세요.

루크 하워드는 어려서부터 ①[ ][ ]을 좋아하고 관찰했다. 어른이 되어 날씨를 연구하는 과학 모임에서 구름 이야기를 나눌 때 구름에 ②[ ][ ]이 없어 불편함을 느꼈다. 그래서 구름을 ③[ ][ ]과 높이에 따라 짜임새 있게 나누고 이름을 붙였다. 그 내용은 이후 구름 분류법의 기초가 되었다.

① _____   ② _____   ③ _____

이름을 나타내는 말

사다리를 타고 내려가 구름 사진과 이름을 알맞게 연결하세요.

(1)  (2)  (3)

층운
층 모양의 구름으로 안개처럼 땅 위에 가깝게 뜨는 구름이다. 층구름, 안개구름이라고도 한다.

적운
밑면은 거의 평평하고 윗부분은 솜을 쌓아 놓은 것처럼 뭉실뭉실한 모양이다. 뭉게구름, 쎈구름이라고도 한다.

권운
짧고 성긴 머리카락처럼 생겼고, 보통 맑은 날씨에 나타난다. 털구름, 새털구름이라고도 한다.

올바른 표기

알맞은 말에 ○ 하세요.

(1) 엄마가 머리를 두 (갈래 , 갈레)로 땋아 주셨다.

(2) 길이 세 (갈레 , 갈래)로 갈라졌다.

(3) 루크는 구름을 세 (갈래 , 갈레)로 나누었다.

'갈래'는 수량을 나타내는 말 뒤에서 갈라진 낱낱을 세는 단위로 쓰여.

토픽 한 줄 정리

오늘 하늘에 뜬 구름의 모습을 그리고, 특징을 써 봐!

특징:

 날씨를 어떻게 예측할 수 있을까? 궁금하면 다음 장을 넘겨 봐! >>>>>

오늘의 일기 예보입니다

오늘은 전국이 대체로 맑겠으나 남부 지방은 오후에 가끔 구름이 많겠습니다.

아침 최저 기온은 서울 9도, 광주 10도, 대구 11도, 부산 13도, 제주 12도 등 ㉠전국이 5~13도의 분포를 보이겠습니다. 낮 최고 기온은 서울 20도, 광주 25도, 대구 25도, 부산 21도, 제주 19도 등으로, 내륙을 중심으로 ㉡낮과 밤의 기온 차가 10~15도 정도로 매우 클 것으로 예상됩니다. 기온 차로 인해 감기에 걸리지 않도록 옷차림에 신경 쓰시기 바랍니다.

미세먼지 농도는 전국에서 '보통' 수준을 보이겠습니다. 다만, 서울, 인천, 경기 지역에서는 오전에 일시적으로 '나쁨' 수준을 나타내겠습니다. 이 지역에서는 되도록 오전에 바깥 활동을 줄이시기 바랍니다. 전국 대부분 지역의 대기 상태가 매우 건조하여 산불 등 각종 화재가 발생하기 쉬우니, ㉢불씨 관리에 신경 써 주시기 바랍니다. 또한 소화기 등 화재를 막을 수 있는 도구도 점검해 주시기 바랍니다.

해상에서는 인천대교, 영종대교, 서해대교 주변에 안개가 짙게 끼는 곳이 있겠습니다. 눈으로 볼 수 있는 거리가 매우 짧으니 ㉣이곳을 지나는 차량은 안전 운전 하시기 바랍니다. 오늘 밤부터 내일 아침 사이에 서해 쪽에 안개가 짙게 끼겠습니다. 또한 제주도 남쪽 먼바다를 중심으로 바람이 점차 강하게 불고, 물결이 1.5~3미터로 높게 일겠으니 이 주변을 지날 예정인 ㉤선박들은 해상 사고에 주의가 필요합니다.

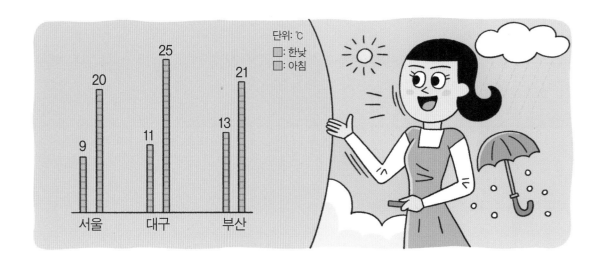

어휘 **알기**　색칠한 낱말과 초성을 보고 뜻풀이에 알맞은 낱말을 ___에 쓰세요.

| ㄴ | ㄹ | 바다에서 멀리 떨어져 있는 육지. | _____ |

| ㅎ | ㅅ | 바다의 위. | _____ |

| ㄴ | ㄷ | 용액 따위의 진함과 묽음의 정도. | _____ |

독해력 **기르기**

01 이 글처럼 날씨의 변화를 예측하여 미리 알리는 것을 무엇이라고 하는지 쓰세요.

02 이 글에서 알려 준 내용이 <u>아닌</u> 것은 무엇인가요? (   )

① 미세먼지 수준

② 비가 내리는 양

③ 안개가 짙게 끼는 곳

④ 아침 최저 기온과 낮 최고 기온

⑤ 해상의 바람 정도와 물결 높이

03 이 글을 읽고 날씨에 대비하는 방법으로 알맞은 것에 모두 ○ 하세요.

(1) 낮과 밤의 기온 차가 크니 겉옷을 챙긴다.　　　　　　　　(   )

(2) 제주도에서는 오전에 바깥 활동을 되도록 줄인다.　　　　(   )

(3) 인천대교를 지날 때 안개를 조심하며 속도를 줄인다.　　　(   )

(4) 동해 쪽을 지나는 배는 바다 안개와 강한 바람을 조심한다.　(   )

04 ㉠~㉤이 의미하는 것을 바르게 설명하지 <u>못한</u> 것은 무엇인가요? (　　　)

① ㉠은 전국의 최저 기온이 5도에서 13도 사이라는 뜻이다.

② ㉡은 기온이 낮과 밤 동안에 변화하는 차이를 의미한다.

③ ㉢은 불이 잘 붙지 않으니 불이 꺼지지 않도록 주의하라는 뜻이다.

④ ㉣은 위험할 수 있으니 안전을 위해 천천히 운전하라는 뜻이다.

⑤ ㉤은 바다 위를 지나는 배가 사고를 당할 수 있으니 조심하라는 의미이다.

05 일기 예보의 필요성에 대해 바르게 말하지 <u>못한</u> 친구에 ○ 하세요.

(1) 일기 예보를 통해 날씨를 미리 알면 어떤 옷을 입을지 결정하는 데 도움이 돼.

(2) 일기 예보에서 미세먼지가 심하다고 하면 건강을 위해 불필요한 외출을 피할 수 있어.

(3) 일기 예보에서 안개가 끼는 원인을 알려 주니 안개를 미리 없앨 수 있어서 좋아.

06 이 글의 내용을 요약했어요. 빈칸에 들어갈 알맞은 말을 쓰세요.

전국이 대체로 맑으나 낮과 밤의 ①□□ 차이가 크므로 옷차림에 신경 써야 한다. ②□□□□ 농도는 보통 수준이나 오전에 일부 지역에서 나쁨 수준을 보일 것이다. 전국 대기 상태는 매우 ③□□하므로 화재를 조심해야 한다. 해상에서 안개가 짙게 끼는 곳이 있고 제주도 쪽 바다에서 바람이 강하게 불 것이다.

①＿＿＿＿＿＿＿＿＿　　②＿＿＿＿＿＿＿＿＿　　③＿＿＿＿＿＿＿＿＿

이름을 나타내는 말

날씨와 관련된 말의 뜻을 찾아 선으로 이으세요.

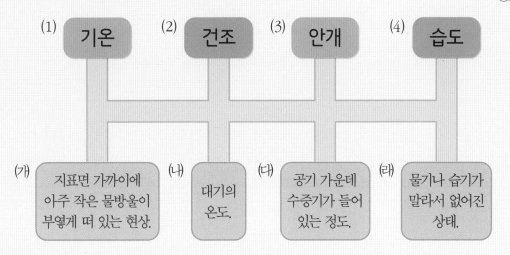

(1) **기온** (2) **건조** (3) **안개** (4) **습도**

(가) 지표면 가까이에 아주 작은 물방울이 부옇게 떠 있는 현상.

(나) 대기의 온도.

(다) 공기 가운데 수증기가 들어 있는 정도.

(라) 물기나 습기가 말라서 없어진 상태.

올바른 표기

알맞은 말에 ○ 하세요.

(1) 나는 아침에 (대채로 , 대체로) 빵을 먹는다.

(2) 오늘은 전국이 (대체로 , 대채로) 맑을 것이다.

(3) 친구들이 내 의견에 (대체로 , 데체로) 반대했다.

(4) 요즘 초등학생들은 (데채로 , 대체로) 학원을 다닌다.

'대체로'는 '전체로 보아서' 또는 '일반적으로'라는 뜻이야. 'ㅐ'와 'ㅔ'의 소리가 비슷해서 틀리기 쉬우니 조심해!

토픽 한 줄 정리

일기 예보에서 가장 관심 있게 보는 정보가 무엇이니?

☐ 기온   ☐ 비 소식   ☐ 미세먼지   ☐ _____

왜냐하면 _____

날씨에 따라 기분도 달라질까? 궁금하면 다음 장을 넘겨 봐! >>>>>

우산 장수와 짚신 장수

옛날에 두 아들을 둔 어머니가 있었어. 큰아들은 우산 장수, 작은아들은 짚신 장수였지. 어머니는 날마다 두 아들 걱정에 마음 편할 날이 없었어. 해가 쨍쨍한 날에는 우산이, 비가 오는 날에는 짚신이 팔리지 않을 테니 말이지.

"어쩌면 좋아. 오늘은 날씨가 좋아 큰애 우산이 안 팔리겠네!"

"아이고, 비가 오네. 우리 작은애가 짚신을 못 팔아 어쩌누!"

어머니는 맑은 날에도, 흐린 날에도 두 아들 걱정에 한숨이 그칠 날이 없었대.

하루는 어머니가 늘 그렇듯 하늘을 쳐다보며 한숨을 푹푹 쉬고 있었어. 그때 이웃 아주머니가 놀러 와서 어머니에게 물어.

"아니, 무슨 일 있소? 웬 한숨을 그리 쉬오?"

"해가 저리 쨍쨍하니 우리 큰애가 우산을 못 팔까 봐 그런다오."

"아유, 별걱정을 다 하오. 생각을 바꿔 보구려. 비가 주룩주룩 내리면 우산이 날개 돋친 듯 팔려서 큰애가 좋고, 오늘처럼 해가 쨍쨍하면 짚신이 잘 팔려 작은애가 신나고. 그러니 날마다 절로 웃음이 날 게 아니오?"

그러자 어머니가 무릎을 탁 치지.

"듣고 보니 정말 그렇네요. 아니, 난 왜 그런 생각을 못 했을꼬!"

이제 어머니는 날이 맑든 비가 오든 언제나 마음이 편안했어.

얼마 뒤 이웃 아저씨가 두 아들을 찾아왔어.

"여보게들, 머리를 굴려 보시게. 둘이서 따로따로 장사할 게 아니라 맑은 날에는 짚신을 함께 팔고, 비 오는 날에는 우산을 함께 팔면, 장사도 잘되고 서로 일손을 도울 수 있지 않겠나?"

"그거 좋은 생각이네요."

두 아들이 함께 장사를 하게 되자, 어머니는 늘 기쁘고 즐거운 마음으로 살았대.

어휘 알기 색칠한 낱말과 초성을 보고 뜻풀이에 알맞은 낱말을 ____에 쓰세요.

| ㅇ | ㅅ | 일하는 손. 또는 일을 하는 사람. | _____ |

| ㅈ | ㅅ | 벼의 낟알을 떨어낸 줄기인 짚을 엮어서 만든 신. | _____ |

| ㅂ | ㄱ | ㅈ | 쓸데없는 걱정. | _____ |

독해력 기르기

01 이 글에서 어머니가 날씨에 따라 어떤 걱정을 했는지 알맞게 선으로 이으세요.

(1) 맑은 날 •

(2) 비 오는 날 •

• (개) 큰아들의 우산이 팔리지 않는 것을 걱정했다.

• (내) 작은아들의 짚신이 팔리지 않는 것을 걱정했다.

02 이웃 아주머니가 어머니에게 해 준 말로 알맞은 것에 ○ 하세요.

(1) 날씨에 따라 장사가 잘되는 아들을 생각하라고 했다.   (   )

(2) 날이 맑든 비가 오든 두 아들을 도와 장사를 하라고 했다.   (   )

03 어머니의 생각이 어떻게 바뀌었는지 빈칸에 알맞은 말을 쓰세요.

오늘은 날씨가 좋아 큰애 우산이 안 팔리겠네!

➡ 오늘은 날씨가 좋아 작은애가 파는 [   ][   ]이 [   ] 팔리겠네!

04 이 글의 교훈을 알맞게 이해하지 <u>못한</u> 친구의 이름을 쓰세요. (   )

> 주승: 행복과 불행은 마음먹기에 달려 있다는 깨달음을 주는 이야기야.
> 라임: 같은 일도 생각에 따라 달라질 수 있으니, 긍정적인 생각이 중요하다는
> 교훈을 주는 이야기야.
> 훈이: 어머니가 이웃 아주머니를 만나 행복해진 것처럼 좋은 이웃을 만나야
> 한다는 교훈을 주는 이야기야.

05 이 글과 가장 잘 어울리는 한자 성어를 알맞게 말한 친구에 ○ 하세요.

(1)
'일소일소'라는
한자 성어가 어울려.
한 번 웃으면 한 번
젊어질 정도로 긍정적인
마음이 중요하다는
뜻이야.

(2)
'천차만별'이라는
한자 성어가 어울려.
이 세상에서
똑같은 사물은
하나도 없다는
뜻이야.

(3)
'어부지리'라는
한자 성어가 어울려.
두 사람이 싸우는 바람에
다른 사람이 이익을
얻게 되는 상황을
가리키는 말이지.

06 이 글의 내용을 요약했어요. 빈칸에 들어갈 알맞은 말을 쓰세요.

> 옛날, 두 아들을 둔 어머니가 있었다. 어머니는 맑은 날엔 우산을 파는 큰아들
> 을, 비 오는 날엔 ①☐☐을 파는 작은아들을 걱정하느라 근심이 끊이지 않
> 았다. 이를 본 ②☐☐ 아주머니가 맑은 날엔 짚신이 잘 팔리고, ③☐ 오는
> 날엔 우산이 잘 팔리니 좋은 점을 생각하라고 하자, 어머니는 어떤 날씨든 마
> 음이 편해졌다. 이웃 아저씨의 충고로 두 아들이 함께 장사를 하게 되자, 어머
> 니는 걱정 없이 살게 되었다.

①_____   ②_____   ③_____

📖 관용 표현

빈 곳에 들어갈 알맞은 말을 쓰세요.

날개 돋치다	인기가 있어 빠른 속도로 팔려 나가다.
머리를 굴리다	머리를 써서 해결 방안을 생각해 내다.

우산이 _____ 돋친 듯 팔리는구나.

많이 팔고 싶으면 _____를 굴려 봐!

📖 헷갈리는 말

알맞은 말에 ○ 하세요.

장사	장수
이익을 얻으려고 물건을 파는 일.	장사하는 사람.

(1) 우산 (장사 , 장수)는 우산을 파는 사람이다.

(2) 오늘 (장사 , 장수)가 잘되어 기분이 좋다.

토픽 한 줄 정리

네가 장사를 한다면 맑은 날에 무엇을 팔래?

☐ 모자　　　☐ 샌들　　　☐ 티셔츠　　　☐ _____

왜냐하면 _____

 지구의 날씨는 어떻게 변하고 있을까? 궁금하면 다음 장을 넘겨 봐! >>>>>

점점 뜨거워지는 지구

가 지구의 평균 기온이 높아지는 현상을 지구 온난화라고 한다. 지난 100년 사이 지구 표면 온도가 올라가며 극심한 가뭄, 홍수가 늘었다. 빙하가 녹으며 바닷물의 높이가 점점 높아지고 있고, 더운 환경에 적응하지 못하는 생물들은 사라지고 있다.

나 사막에서 잘 자라는 선인장조차 지구 온난화로 더워지는 환경을 견디지 못해 사라질 위기에 놓였다는 연구 결과가 나왔다. 미국의 한 대학 연구팀은 "2050년까지 지구상의 모든 선인장 종의 60퍼센트가 기후 변화로 멸종 위기에 놓일 것이다."라고 밝혔다.

다 지구 온난화의 원인은 산업 활동으로 석탄, 석유 등 화석 연료의 사용이 늘고, 산과 숲이 줄어 이산화 탄소, 메탄 등의 온실가스가 많아졌기 때문이다. 온실가스가 많아지면 대기의 열이 밖으로 빠져나가지 못해 지구의 온도가 올라간다. 이러한 현상은 점차 심해지고 있다. 더 이상 손쓸 수 없는 때가 되기 전에 대책을 마련해야 한다.

라 나라에서는 바람이나 태양 등을 이용한 대체 에너지를 개발하여 화석 연료의 사용을 줄이고, 숲을 가꾸어야 한다. 가정에서는 전기난로나 에어컨 등 전기 에너지 사용과 일회용품 사용을 줄여야 한다. 탄소 배출량이 비교적 적은 친환경 제품을 쓰는 것도 좋은 방법이다.

마 우리의 노력과 실천만이 지구 온난화를 막을 수 있다.

▲ 빙하가 녹아 살 곳을 잃게 된 북극곰

어휘 알기 색칠한 낱말과 초성을 보고 뜻풀이에 알맞은 낱말을 ____에 쓰세요.

| ㄷ | ㅊ | 어떤 일에 대처할 계획이나 수단.

_____

| ㅅ | ㅆ | ㄷ | 어떤 일에 필요한 조치를 취하다.

_____

| ㅇ | ㅅ | ㄱ | ㅅ | 지구 온난화를 일으키는 원인이
되는 대기 중의 가스.

_____

똑해력 기르기

01 이 글에서 지구의 기온이 높아지는 현상을 무엇이라고 했는지 쓰세요.

| | | | | |

02 이 글에서 밝힌 지구 온난화로 인한 문제가 <u>아닌</u> 것은 무엇인가요? (   )

① 사막의 선인장이 늘어나는 문제

② 극심한 가뭄과 홍수가 늘어나는 문제

③ 빙하가 녹으며 바닷물의 높이가 점점 높아지는 문제

④ 선인장의 일부가 멸종 위기에 놓인 문제

⑤ 더운 환경에 적응하지 못하는 생물들이 사라지는 문제

03 이 글에서 설명한 지구 온난화의 원인으로 알맞은 것에 모두 ○ 하세요.

(1) 대체 에너지를 개발하고 숲을 가꾸어서   (   )

(2) 산업 활동이 활발해지며 화석 연료의 사용량이 늘어서 (   )

(3) 온실가스가 늘어나 대기의 열이 밖으로 나가지 못해서 (   )

04 가~마 중 다음 그림이 나타내는 현상을 설명하고 있는 문단의 기호를 쓰세요.

(   )

▲ 지구의 온도가 일정하게 유지될 때

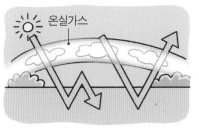

▲ 지구의 온도가 올라갈 때

05 글쓴이가 이 글을 쓴 까닭을 바르게 이해하지 <u>못한</u> 친구에 ○ 하세요.

(1)
사람들에게 지구 온난화의 심각성을 알리기 위해 쓴 글이야.

(2)
사람들의 작은 실천이 지구 온난화를 늦출 수 있으니, 더 늦기 전에 지구를 위해 노력하자고 말하기 위해 쓴 글이야.

(3)
지구 온난화를 해결하는 방법인 대체 에너지를 설명하기 위해 쓴 글이야.

06 이 글의 내용을 요약했어요. 빈칸에 들어갈 알맞은 말을 쓰세요.

> 지구의 평균 ①◻◻이 높아지는 현상을 지구 온난화라고 한다. 이러한 기후 변화로 사막에서 잘 자라는 ②◻◻◻조차 멸종 위기에 놓였다. 화석 연료의 사용이 늘고, 산림은 줄어들어 ③◻◻◻◻◻가 증가하면서 지구 온난화가 점차 심해지고 있다. 더 늦기 전에 대체 에너지를 개발하고 숲을 가꾸는 등 지구 온난화를 막기 위해 노력해야 한다.

① _____   ② _____   ③ _____

석(石)이 들어간 낱말

빈칸에 주어진 글자를 써넣어 한자어를 완성하세요.

石 돌 석	식물 등이 땅속 깊이 묻혀 오랜 세월이 지나 생긴 암석으로, 연료로 쓰임.	석 탄
	땅속에 묻혀 있으며, 불에 잘 타는 성질이 있는 끈적한 검은 액체.	☐ 유
	동식물의 뼈와 흔적이 돌이 되어 남아 있는 것.	화 ☐

꾸며 주는 말

빈 곳에 들어갈 알맞은 말을 쓰세요.

> 비교적 일정 수준이나 보통 정도보다 꽤.
> 전혀   '도무지', '아주', '완전히'의 뜻을 나타냄.

'전혀'는 '전혀 없다', '전혀 다르다'처럼 주로 부정을 나타내는 말과 함께 쓰여.

(1) 이번 시험 문제가 _____ 쉬웠다.

(2) 친환경 제품은 탄소 배출량이 _____ 적다.

(3) 공부와 놀이는 _____ 다르다.

토픽 한 줄 정리

지구 온난화를 늦추기 위해 할 수 있는 일은?

☐ 전기 아껴 쓰기　　☐ 일회용품 사용 줄이기　　☐ 친환경 제품 사용하기

오늘부터 나는 _____

날씨를 어떻게 미리 알 수 있을까?
궁금하면 다음 장을 넘겨 봐! >>>>>

기상청에서 하는 일

날씨는 우리 생활에 큰 영향을 주어요. 우리는 날씨에 따라 어떤 옷을 입을지 정하고, 우산이나 모자 등을 챙겨요. 우리에게 날씨를 미리 알려 주는 곳은 기상청이에요. 기상청은 어떻게 날씨를 예측하고 알려 주는 걸까요?

기상청은 날씨와 관련된 정보를 모아요. 여러 곳에 있는 기상 관측소를 통해 온도, 공기 중의 수증기 양, 바람의 방향과 세기 등의 정보를 가져와요. 우주 공간에서 관측하는 기상 위성으로 구름의 양과 위치, 온도를 측정하고, 구름의 움직임 등을 파악해요.

이렇게 모은 자료를 날씨 정보를 분석하는 슈퍼컴퓨터에 입력해 일기도를 만들어요. 일기도는 날씨 상태를 한눈에 알 수 있도록 기호, 숫자, 곡선 등으로 나타낸 지도예요. 일기도에는 '현재 일기도'와 '예상 일기도'가 있어요. 먼저 날씨 정보를 받은 시점의 현재 일기도를 만들고, 그것을 바탕으로 몇 시간 혹은 며칠 뒤의 '예상 일기도'를 만들어요. 기상청의 전문가들은 일기도의 정보를 분석하여 '일기 예보'로 사람들에게 알릴 내용을 결정하지요.

기상청은 이렇게 결정한 내용을 방송사와 신문사 등으로 보내요. 그러면 방송사와 신문사에서 사람들이 이해하기 쉽게 기사를 작성하여 보도하는 거예요.

기상청 덕분에 우리는 황사가 심한 날에는 바깥 활동을 줄이고, 태풍이 오는 날을 피해 여행을 다녀올 수 있어요. 기상청은 일기 예보를 통해 우리가 안전하고 편리하게 생활할 수 있게 돕고 있어요.

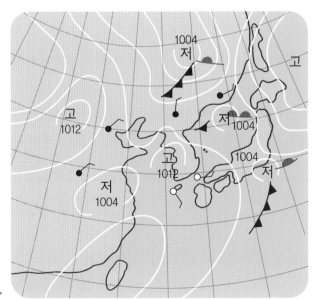
봄철 일기도의 한 예 ▶

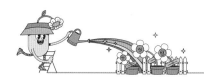

어휘 알기 색칠한 낱말과 초성을 보고 뜻풀이에 알맞은 낱말을 ____에 쓰세요.

| ㅅ | ㅈ | ㄱ | 기체 상태로 되어 있는 물. | _____ |

| ㅈ | ㅅ | ㅎ | ㄷ | 서류, 원고, 기사 따위를 만들다. | _____ |

| ㄱ | ㅅ | ㅇ | ㅅ | 지구의 기상 상태를 관측하기 위한 인공위성. | _____ |

독해력 기르기

01 날씨에 대한 정보를 모으고 일기도를 만드는 일을 하는 곳은 어디인지 쓰세요.

02 이 글에서 기상청이 날씨를 예측하기 위해 모으는 정보로 제시한 것이 <u>아닌</u> 것은 무엇인가요? (   )

① 온도   ② 구름의 양   ③ 태양의 움직임

④ 바람의 방향과 세기   ⑤ 공기 중의 수증기 양

03 이 글에서 설명한 일기 예보가 만들어지는 과정을 순서에 맞게 기호를 쓰세요.

> ㉮ 방송사와 신문사에서 일기 예보 기사를 작성하여 보도한다.
> ㉯ 날씨 정보를 분석하는 슈퍼컴퓨터로 일기도를 만든다.
> ㉰ 기상 관측소, 기상 위성을 통해 날씨 관련 정보를 모은다.
> ㉱ 기상청의 전문가들이 일기 예보로 사람들에게 알릴 내용을 결정한다.

(   ) ➡ (   ) ➡ (   ) ➡ (   )

04 이 글에 대한 설명으로 알맞지 <u>않은</u> 것은 무엇인가요? (　　　)

① 기상청에서 하는 일을 순서대로 설명했다.

② 일기 예보가 어떻게 만들어지는지에 대해 설명하는 글이다.

③ 이 글을 통해 일기 예보가 만들어지는 과정을 알 수 있다.

④ 기상청에서 일하는 사람들의 다양한 역할을 알려 주는 글이다.

⑤ 이 글을 통해 기상청에서 하는 일의 필요성을 알 수 있다.

05 기상청에서 일하는 사람들에게 고마운 마음을 알맞게 표현하지 **못한** 친구의 이름을 쓰세요. (　　　　　　)

> 재민: 날마다 바뀌는 날씨를 연구하고, 예측해 주셔서 감사해요. 덕분에 많은 사람들이 날씨를 미리 알고 대비할 수 있어요.
>
> 인아: 날씨의 변화를 미리 알아내는 일은 정말 어려울 것 같아요. 저희가 안전하게 생활할 수 있도록 어려운 일을 해 주셔서 감사해요.
>
> 윤이: 방송사의 일기 예보는 믿을 수 없었는데, 기상청에서 직접 방송으로 일기 예보를 알려 주니 더 믿음이 가요.

06 이 글의 내용을 요약했어요. 빈칸에 들어갈 알맞은 말을 쓰세요.

> 기상청에서는 날씨를 예측하는 일을 한다. ①☐☐☐은 먼저 기상 관측소와 기상 위성을 통해 날씨 관련 정보를 모으고, 슈퍼컴퓨터로 ②☐☐☐를 만든다. 전문가들이 이것을 보며 사람들에게 일기 예보로 알릴 내용을 정하여 방송사, 신문사로 보낸다. 그러면 ③☐☐☐, 신문사에서 일기 예보 기사를 작성하여 보도한다. 기상청은 일기 예보를 통해 우리 생활을 안전하고 편리하게 해 준다.

① _____　　② _____　　③ _____

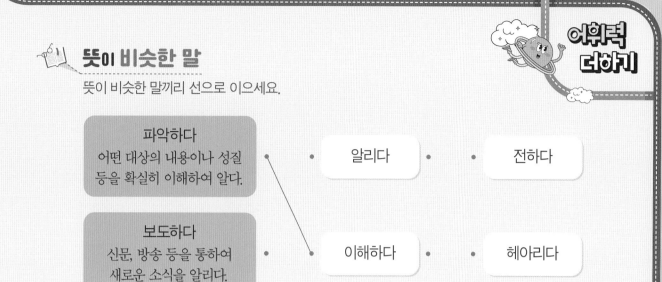

뜻이 비슷한 말

뜻이 비슷한 말끼리 선으로 이으세요.

파악하다
어떤 대상의 내용이나 성질 등을 확실히 이해하여 알다.

보도하다
신문, 방송 등을 통하여 새로운 소식을 알리다.

알리다 · · 전하다

이해하다 · · 헤아리다

뜻이 여러 개인 말

밑줄 친 말이 어떤 뜻으로 쓰였는지 번호를 쓰세요.

① 사물의 현상이나 근본을 이루는 것.

바탕

② 사람의 타고난 성질.

③ 그림, 글씨, 무늬 따위를 놓는 물체의 바닥.

(1) 그는 바탕이 좋은 사람이다. (　　　)

(2) 아이가 하늘색 물감으로 바탕을 칠했다. (　　　)

(3) 그는 날씨 정보를 바탕으로 날씨를 예측한다. (　　　)

토픽 한 줄 정리

오늘 날씨를 사람들에게 알린다면?

날씨를 알려 드리겠습니다. 오늘 날씨는 _____

_____

최고의 신은
누구일까?

최고가 되면
무엇이 좋을까?

사람들은 왜
최고가 되고 싶어
할까?

최고

| 으뜸인 것. 또는 으뜸이 될 만한 것.

최고가
되어야
행복할까?

최고인 것을 어떻게
알 수 있을까?

어떤 동물이
최고일까?

최고가 되려면
어떻게 해야 할까?

세계 최고를
알려 주는
책이 있다고?

열두 동물 이야기

옛날 하고도 아주 먼 옛날, 땅 위가 시끌시끌했어요. 하늘 나라 옥황상제가 가만히 들어 보니 동물들이 서로 자기가 가장 뛰어나다고 다투고 있는 소리였어요. 옥황상제는 동물들에게 제안했어요.

"누가 최고인지 가려 보자. 새해 첫날, 나에게 오는 순서대로 순위를 정하겠다."

새해 첫날이 되자마자 동물들은 달리기 경주를 시작했어요. 말은 쏜살같이 달려 나갔고, 토끼는 호랑이에게 귀여움을 떨며 자기를 끌고 가 달라고 했어요.

개는 최고가 되지 못할 바에야 돼지와 같이 먹이를 찾아 먹으며 가기로 했고요. 순한 양은 누가 밀쳐도 모른 척 묵묵히 갔어요. 재주 많은 원숭이는 나뭇가지를 타고 가며 닭에게 열매를 툭툭 던졌어요. 그 바람에 날아오르던 닭은 중심을 잃고 고꾸라지곤 했지요. 느리지만 부지런한 소는 쉬지 않고 걸어갔어요. 영리한 쥐는 ㉠아무리 빨리 달려도 일 등 할 자신이 없자, 소 등에 훌쩍 올라탔지요.

말이 옥황상제의 하늘 궁궐 앞에 다다랐을 때였어요. 스스륵, 뱀이 갑자기 말의 다리를 휘감았어요. 말이 넘어지자 뱀은 말의 몸통에 깔렸어요. 호랑이는 이때다 싶어 앞으로 나서려 했지만, 토끼가 꼬리를 붙잡고 있어 소를 이길 수 없었어요.

소가 옥황상제 앞에 가장 먼저 도착하려던 순간이었어요. ㉡쥐가 소 등에서 재빨리 뛰어내렸지요. 그래서 쥐가 일 등, 소가 이 등이 되었어요. 다른 동물들을 비웃으며 여유를 부리던 용은 그제야 정신을 차리고 서둘러 겨우 뱀을 앞질렀어요.

그리하여 쥐, 소, 호랑이, 토끼, 용, 뱀, 말, 양, 원숭이, 닭, 개, 돼지가 모두 도착했고, 옥황상제는 이 순서대로 열두 동물을 시간을 뜻하는 신으로 삼았대요.

어휘 알기 색칠한 낱말과 초성을 보고 뜻풀이에 알맞은 낱말을 ___에 쓰세요.

| ㅎ | ㄱ | ㄷ |

덩굴, 뱀 따위가 그 자체로 다른 물체를
마구 빙빙 두르다.

_____

| ㅁ | ㅁ | ㅎ |

말없이 잠잠하게.

_____

| ㄱ | ㄲ | ㄹ | ㅈ | ㄷ |

앞으로 휘어지며 쓰러지다.

_____

독해력 기르기

01 옥황상제가 제안한 경주에서 최고가 된 동물은 누구인가요? (   )

① 소   ② 쥐   ③ 뱀
④ 닭   ⑤ 토끼

02 다음 동물들이 최고가 되지 못한 이유를 각각 알맞게 선으로 이으세요.

(1) 소   •   • (가) 뱀이 다리를 휘감는 바람에 넘어져서

(2) 말   •   • (나) 등에 올라탄 쥐에게 일 등을 빼앗겨서

(3) 용   •   • (다) 토끼가 꼬리를 붙잡아 빨리 갈 수 없어서

(4) 호랑이 •   • (라) 자신의 실력을 자만하며 여유를 부려서

03 ㉠과 ㉡을 통해 짐작할 수 있는 쥐의 성격으로 알맞은 것에 ○ 하세요.

(1) 자신이 할 수 있는 일을 묵묵히 한다.   (   )

(2) 기회를 놓치지 않고 자신이 원하는 일을 해낸다.   (   )

(3) 자신의 욕심을 중요하게 여기지 않고 양보할 줄 안다.   (   )

04 이 글에 대한 감상을 알맞게 말하지 <u>못한</u> 친구에 ○ 하세요.

(1)
> 소는 쉬지 않고 걸었지만, 일 등을 하지 못해서 아쉬웠을 것 같아.

(2)
> 쥐처럼 달리기 실력이 빠른 동물들에게만 유리한 경기로 최고를 정한 것은 알맞지 않다는 생각이 들었어.

(3)
> 동물들이 앞다투어 경주하는 모습을 상상하며 읽으니 재미있었어.

05 이 글의 내용을 요약했어요. 빈칸에 들어갈 알맞은 말을 쓰세요.

> 동물들이 서로 자기가 가장 뛰어나다고 다투자, 옥황상제는 새해 첫날, 자신에게 오는 순서대로 순위를 정하겠다고 했다. 부지런한 소는 쉬지 않고 걸어갔고, 쥐는 ①☐ 등에 올라탔다. 서로 방해하며 도착하지 못한 동물들을 제치고, 소가 가장 먼저 옥황상제 앞에 도착하려던 순간, 쥐가 소 등에서 뛰어내려 일 등이 되었다. 옥황상제는 ②☐, 소, 호랑이, 토끼, 용, 뱀, 말, 양, 원숭이, 닭, 개, 돼지의 순서대로 ③☐☐ 동물을 시간을 뜻하는 신으로 삼았다.

① _____   ② _____   ③ _____

꾸며 주는 말

빈 곳에 들어갈 알맞은 말을 찾아 선으로 이으세요.

(1) 말이 _____ 달려 나갔다. •

(2) 아이가 높은 계단에서 _____ 뛰어내렸다. •

• (가) 쏜살같이
쏜 화살과 같이 매우 빠르게.

• (나) 훌쩍
단숨에 가볍게 뛰거나 날아오르는 모양.

이어 주는 말

알맞은 이어 주는 말을 쓰세요.

그리하여   그러면

'그리하여'는 앞의 문장이 뒤의 문장의 원인이 될 때, 앞의 내용이 발전하여 뒤의 내용이 전개될 때 쓰여. '그러면'은 앞의 문장이 뒷문장의 조건이 될 때 쓰여.

(1) 나를 따라와. _____ 길을 잃지 않을 거야.

(2) 달리기 시합을 하자. _____ 누가 최고인지 알 수 있을 것이다.

(3) 호랑이는 빨리 달리지 못했다. _____ 소가 호랑이를 앞질렀다.

토픽 한 줄 정리

열두 띠 동물에게 '노력상'을 준다면, 어떤 동물에게 줄까?

나라면 _____ 에게 노력상을 줄 거야. 왜냐하면 _____

_____

무엇이 최고인지 어떻게 알 수 있지? 궁금하면 다음 장을 넘겨 봐! >>>>>

최고 **57**

최고를 알려 주는 통계

'관측 역사상 최고 기록', '수출 역사상 최고 달성'과 같은 말을 들어 본 적 있나요? 어떤 기록이 '최고'인 것은 어떻게 알 수 있을까요? 바로 '통계' 덕분이에요. 통계란 특정 집단의 상황을 기준에 따라 숫자로 나타내는 것을 말해요. 통계 결과는 보통 표와 그래프로 나타내요. 그러면 조사된 수의 많고 적음이나 변화하는 모습을 한눈에 파악하기 쉬워요. 통계는 다양한 분야에서 이용돼요.

기온을 매일 재서 숫자로 나타낸 것은 기온에 대한 통계예요. 매일 잰 기온을 통계 내어 한 달 평균 기온을 알 수 있고, 올해 최고 기온 및 최저 기온을 알 수 있어요. 그리고 과거의 기록과 비교하여 기후가 어떻게 변화해 왔는지 알 수 있고, 미래의 기후를 예측할 수도 있어요.

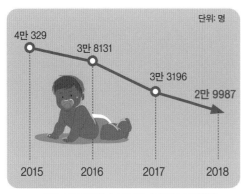

▲ 3월 기준 태어난 아기의 수(자료: 통계청)

인구수를 파악하고 그 결과를 숫자로 나타낸 것은 인구 통계예요. 올해 태어난 아기의 수, 사망자 수, 지역별 인구수, 학교에 입학하는 학생 수 등 다양한 기준에 따른 통계로 사회의 변화를 알 수 있어요.

통계는 우리 생활 곳곳에서 이용돼요. 예를 들어 학교의 점심 급식 중 최고 인기 음식이 궁금할 때 통계를 이용해 알아낼 수 있어요. 먼저, 조사할 음식의 종류를 정해요. 학생들에게 조사 대상에 있는 음식 가운데 좋아하는 것을 고르게 해요. 학생들이 대답한 결과를 표나 그래프로 정리하면 ㉠학생들에게 가장 인기 있는 음식이 무엇인지 한눈에 알 수 있고, 급식 메뉴를 정하는 데 이 결과를 활용할 수도 있어요.

통계 덕분에 우리는 어떤 분야에서 무엇이 최고인지 쉽게 알 수 있어요.

메뉴	소불고기	닭볶음탕	떡볶이	돈가스	합계
학생 수 (명)	55	50	53	42	200

▲ 급식 메뉴별 좋아하는 학생 수

색칠한 낱말과 초성을 보고 뜻풀이에 알맞은 낱말을 ____에 쓰세요.

| ㅍ | ㄱ | 여러 수치나 양의 중간값을 갖는 수. | _____ |

| ㄷ | ㅅ | 목적한 것을 이룸. | _____ |

| ㅇ | ㄱ | ㅅ | 일정 지역 안에 사는 사람의 수. | _____ |

01 다음 빈칸에 알맞은 말을 쓰세요.

☐ ☐ 란, 특정 집단의 상황을 기준에 따라 숫자로 나타내는 것이다.

02 이 글에서 통계에 대해 설명한 내용으로 알맞지 <u>않은</u> 것은 무엇인가요? (   )

① 통계는 다양한 분야에서 이용된다.

② 통계 결과는 보통 표와 그래프로 나타낸다.

③ 통계를 통해 최고와 최저 기록을 확인할 수 있다.

④ 기온을 매일 재서 숫자로 나타낸 것은 기온에 대한 통계이다.

⑤ 기온 통계로 기후 변화를 알 수 있지만, 미래 기후를 예측할 수는 없다.

03 ㉠을 알아내기 위한 과정의 순서대로 기호를 쓰세요.

㉮ 조사한 결과를 표나 그래프로 정리한다.
㉯ 어떤 음식들에 대해 조사할지 정한다.
㉰ 학생들에게 가장 좋아하는 음식을 선택하도록 한다.

(   ) ➡ (   ) ➡ (   )

04 다음 중 인구 통계가 <u>아닌</u> 것은 무엇인가요? (　　　)

① 작년과 올해의 사망자 수

② 사람들이 타는 자동차 수

③ 서울과 부산 지역의 인구수

④ 올해 전국에서 태어난 아기의 수

⑤ 올해 초등학교에 입학하는 학생 수

05 이 글을 읽고 생활 속에서 통계가 필요한 상황을 알맞게 말한 친구의 이름을 쓰세요.

(　　　　　　　)

> **준우:** 내 짝꿍의 생일이 언제인지 알고 싶을 때 통계를 이용할 수 있어.
>
> **소연:** 오늘 우리 반에서 결석한 학생이 누구인지 궁금할 때 통계를 이용하면 돼.
>
> **진서:** 우리 반 친구들에게 가장 인기 있는 가수가 누구인지 궁금할 때 통계를 통해 알 수 있어.

06 이 글의 내용을 요약했어요. 빈칸에 들어갈 알맞은 말을 쓰세요.

> ① ☐☐ 는 특정 집단의 상황을 기준에 따라 숫자로 나타내는 것이다. 기온에 대한 통계로 올해 ② ☐☐ 기온과 최저 기온을 알 수 있다. ③ ☐☐ 통계로 인구수의 변화를 알아낸다. 또 생활 속에서 통계가 필요한 다양한 상황이 있다. 예를 들어 학교 점심 급식 중 가장 인기 있는 음식 등이 궁금할 때 통계를 통해 알 수 있다. 통계 덕분에 어떤 분야에서 무엇이 최고인지 알 수 있다.

① _____　　② _____　　③ _____

뜻을 더하는 말

빈칸에 알맞은 말을 쓰세요.

역사	통계
관계	사실

+

-상
'그것과 관계된 입장', '그것에 따름'의 뜻을 더한다.

역	사	상

역사에 나타나 있는 바.

		상

통계에 따른 측면.

		상

실제 경우에 있어서.

말의 순서

말의 순서를 바로잡아 올바른 문장을 쓰세요.

(1) 이용된다.   통계는   분야에서   다양한

→ _____

(2) 통계의   표와   결과는   나타낸다.   그래프로

→ _____

토픽 한 줄 정리

무엇에 대한 통계가 궁금해?

☐ 용돈 통계   ☐ 놀이 시간 통계   ☐ 반려동물 통계   ☐ _____

내가 궁금한 것은 _____

최고만 모아 놓은 책이 있을까?
궁금하면 다음 장을 넘겨 봐! >>>>>

세계 최고를 기록한 책, 기네스북

가 『기네스북』이라는 책에 대해 들어 봤나요? 기네스북은 세계 최고의 기록을 모아 해마다 발간하는 책이에요.

나 영국의 귀족 '휴 비버'가 친구들과 가장 빠른 사냥새가 무엇인가를 두고 논쟁을 벌였어요. 그런데 어디에서도 가장 빠른 사냥새에 관한 기록을 찾을 수 없었어요. 그는 사람들이 사사로이 논쟁하는 문제에 관한 기록을 모아 정리해야겠다고 결심했어요. 그래서 전문가에게 부탁해 책을 만들기로 했고, 1955년에 첫 번째 『기네스북』이 세상에 나왔어요. '기네스북'이라는 책 이름은 휴 비버가 운영하던 양조 회사의 이름에서 따왔어요.

다 기네스북에는 다양한 분야의 세계 최고 기록이 실려요. 세계에서 가장 키가 큰 기린처럼 동물에 관한 기록부터, 가장 오래 산 사람, 계란을 가장 멀리 던진 사람 등 사람들의 경쟁과 관련된 최고 기록도 있어요. 또 가장 짧은 강, 가장 높은 건물 등 자연과 건축물에 대한 기록도 있고, 사람들이 최고로 많이 본 영화, 최고로 많이 팔린 책과 같은 문화 예술 분야의 기록도 있지요. 단, 기네스북에는 가장 아름다운 바다, 가장 맛있는 음식처럼 사람마다 다른 판단을 내릴 수 있는 기록은 실리지 않아요.

라 기네스북에는 시대에 따라 기록하는 것이 달라지기도 해요. 최근에는 사람의 생명을 위태롭게 하거나 동물을 학대하는 행동과 관련 있는 기록은 절대 싣지 않아요. 반대로 '대기 오염이 최고로 심각한 도시'처럼 사람들이 관심을 갖고 지켜봐야 하는 주제와 관련한 정보는 찾아서 실으려고 노력해요.

마 기네스북은 매년 9~11월 사이에 발간돼요. 올가을 기네스북을 통해 세계 최고를 만나 보세요.

▲ 세계에서 가장 긴 털을 가진 고양이   ▲ 세계에서 가장 작은 개

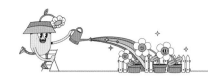

어휘 알기 색칠한 낱말과 초성을 보고 뜻풀이에 알맞은 낱말을 ____에 쓰세요.

| ㅂ | ㄱ | 책, 신문, 잡지 따위를 만들어 냄. | _____ |

| ㄴ | ㅈ | 서로 다른 의견을 가진 사람들이 각자 자기의 주장을 내세우며 다툼. | _____ |

| ㅅ | ㅅ | ㄹ | ㅇ | 개인적인 범위나 관계의 성질이 있게. | _____ |

독해력 기르기

01 이 글은 무엇에 대해 설명하는 글인지 쓰세요.

세계 최고의 기록을 모아 놓은 ☐ ☐ ☐ ☐

02 이 글을 통해 알 수 없는 내용은 무엇인가요? (   )

① 기네스북에 실리는 기록

② 기네스북을 처음 만든 사람

③ 기네스북이 처음 만들어진 시기

④ 기네스북이 가장 많이 팔린 해

⑤ 기네스북이라는 이름이 붙여진 이유

03 기네스북에 대한 설명으로 알맞은 것에 ○ 하세요.

(1) 기네스북은 1955년에 처음 나왔다.   (   )

(2) 기네스북에는 동물과 사람에 관한 최고 기록만 실린다. (   )

(3) 세계 최고의 기록을 모아 해마다 여름에 발간된다.   (   )

04 다음 중 기네스북에 실리는 기록의 예로 알맞지 <u>않은</u> 것은 무엇인가요? (   )

① 역사상 가장 오래 산 사람

② 세계에서 가장 높은 건물

③ 세계에서 가장 맛있는 음식

④ 세계에서 공기가 가장 많이 오염된 도시

⑤ 100미터를 가장 빨리 달릴 수 있는 사람

05 가~마 중 다음 내용과 관련 있는 문단의 기호를 쓰세요. (   )

'가장 오랜 시간 잠 안 자고 버티기'에 도전한 사람이 있었다. 그는 무려 40일 8시간이나 눈을 뜨고 있었다고 한다. 그런데 기네스북 측은 이 도전을 기록으로 인정하지 않았다. 그 이유는 그가 전혀 잠들지 않았는지 확인이 어려우며, 또한 이 도전이 사람의 몸에 미치는 위험성을 고려하여 새로운 도전자가 나타나는 것을 막기 위해서였다.

06 이 글의 내용을 요약했어요. 빈칸에 들어갈 알맞은 말을 쓰세요.

①◻◻◻◻은 세계 ②◻◻의 기록을 모아 해마다 발간하는 책이다. 영국의 귀족 휴 비버가 사람들이 궁금해하는 최고 기록을 남기기 위해 만들었다. 기네스북에는 ③◻◻, 사람, 자연과 건축물, 문화 예술 분야의 다양한 기록이 실린다. 단, 사람이나 동물에게 해를 끼치는 기록은 싣지 않고, 사람들이 관심을 가져야 하는 주제와 관련한 기록은 찾아서 싣는 등 시대에 따라 기네스북의 내용도 달라지고 있다.

① _____ ② _____ ③ _____

뜻이 비슷한 말

다음 낱말과 뜻이 비슷한 낱말에 모두 ○ 하세요.

(1)

| 경쟁하다 |
| 같은 목적에 대하여 이기거나 앞서려고 서로 겨루다. |

경험하다 　 상대하다 　 겨루다

(2)

| 기록하다 |
| 후일에 남길 목적으로 어떤 사실을 적다. |

작성하다 　 모으다 　 적다

뜻이 여러 개인 말

밑줄 친 말이 어떤 뜻으로 쓰였는지 번호를 쓰세요.

① 가장 높음.

최고

② 으뜸인 것. 으뜸이 될 만한 것.

'최고'가 각 문장에서
'가장 뛰어난 것'을 뜻하는지,
'가장 높은 것'을 뜻하는지
알아봐!

(1) 이 식당이 우리 동네에서 최고로 맛있다. 　　　 (　　)

(2) 나는 시험에서 최고 점수를 받으려고 노력했다. 　　 (　　)

(3) 며칠째 계속되는 비로 한강 물의 높이가 최고를 기록했다. (　　)

로픽 한 줄 정리

도전해 보고 싶은 기네스북 기록이 있니?

☐ 줄넘기 오래 하기 　　 ☐ 가장 빨리 달리기 　　 ☐ 윗몸 일으키기 많이 하기

또는 _____

최고의 신은 누구일까?
궁금하면 다음 장을 넘겨 봐! >>>>>

최고의 신, 제우스

아버지를 몰아내고 세상을 지배하게 된 크로노스는 대지의 여신 가이아에게 저주를 받았어요.

"너도 네 아이에게 신들의 왕 자리를 빼앗길 것이다!"

크로노스는 두려워서 아내 레아가 아이를 낳을 때마다 삼켜 버렸어요. 여섯 번째 아이인 제우스를 낳을 때가 되자, 레아는 더 이상 아이를 빼앗길 수 없다고 생각했어요. 그래서 크레타섬 동굴로 들어가 크로노스 몰래 아이를 낳았어요. 그리고 크로노스에게 보자기에 싼 돌덩이를 건네주며 아이라고 속였어요. 크로노스는 그 말을 믿고 돌덩이를 꿀꺽 삼켰지요.

제우스는 크로노스의 눈을 피해 동굴에서 요정들의 돌봄을 받으며 자랐어요. 몸이 자랄수록 제우스의 마음도 단단해졌어요.

'아버지의 행동은 옳지 않아. 아버지의 배 속에 갇혀 있는 형, 누나 들을 구해 내야겠어.'

제우스는 가이아를 찾아가 마시면 토하는 약을 구했어요. 그리고 그 약을 어머니 레아에게 줘서 크로노스가 마시도록 했어요. 약을 마신 크로노스는 그동안 삼킨 아이들을 전부 토해 냈어요. 포세이돈, 하데스, 헤스티아, 데메테르, 헤라가 차례차례 밖으로 나왔어요. 제우스와 레아는 아이들을 데리고 재빨리 크레타섬 동굴로 들어가 숨었어요.

제우스의 형제들은 빠르게 자라 금세 어른이 되었어요. 제우스 덕분에 다시 세상에 나온 형제들은 제우스를 도와 크로노스를 물리치기로 했어요. 제우스 편의 신들과 크로노스 편의 신들 사이에 전쟁이 벌어진 거예요. 크로노스는 끝내 제우스의 번개 화살에 맞아 쓰러졌고, 제우스 편의 신들은 기쁨의 함성을 질렀어요. 이렇게 제우스는 신들의 왕, 최고 신이 되었어요.

어휘 알기 색칠한 낱말과 초성을 보고 뜻풀이에 알맞은 낱말을 ___에 쓰세요.

ㅎ	ㅅ	여러 사람이 함께 외치거나 지르는 소리.

_____

ㅈ	ㅈ	남에게 재앙이나 불행이 일어나도록 빌고 바람.

_____

ㅁ	ㅇ	ㄴ	ㄷ	밖으로 쫓거나 물러가게 하다.

_____

독해력 기르기

01 이 글의 주인공을 찾아 ◯ 하세요.

> 레아   크로노스   제우스   가이아

02 이 글에 나오는 등장인물이 한 행동을 찾아 알맞게 선으로 이으세요.

(1) 크로노스 •

(2) 레아 •

(3) 제우스 •

• (가) 아버지가 삼킨 형제들을 구함.

• (나) 신들의 왕 자리를 빼앗길까 봐 자식을 삼켜 버림.

• (다) 아이를 빼앗기지 않으려고 동굴에 들어가 몰래 아이를 낳음.

03 이 글을 통해 알 수 있는 제우스의 성격으로 알맞은 것에 ◯ 하세요.

(1) 지혜롭고 용감하다.   (   )

(2) 남을 의심하고 두려움이 많다. (   )

04 이 글에서 사건이 일어난 순서대로 기호를 쓰세요.

> ㉮ 제우스는 형제들을 데리고 크레타섬 동굴에 숨었다.
>
> ㉯ 크로노스가 약을 먹고 아이들을 전부 토해 냈다.
>
> ㉰ 제우스 편의 신들과 크로노스 편의 신들 사이에 전쟁이 벌어졌다.

(   ) ➡ (   ) ➡ (   )

05 이 글의 감상을 알맞게 말하지 <u>못한</u> 친구에 ○ 하세요.

(1)
> 신들의 왕 자리를
> 빼앗기지 않으려고
> 자신의 아이들을 삼킨
> 크로노스가 너무 끔찍하고
> 무서워.

(2)
> 크로노스의 눈을 피해
> 제우스를 낳은 레아의
> 행동은 현명했어. 레아 덕분에
> 제우스가 신들의 왕이
> 될 수 있었어.

(3)
> 제우스가
> 여섯 번째 아이인데
> 신들의 왕이 되어서
> 형, 누나 들이
> 속상할 것 같아.

06 이 글의 내용을 요약했어요. 빈칸에 들어갈 알맞은 말을 쓰세요.

> 크로노스는 가이아의 저주를 받고 신들의 ①▢ 자리를 빼앗길까 봐 레아가 낳는 아이들을 전부 삼켜 버렸다. 레아는 크레타섬 동굴에 들어가 여섯 번째 아이인 ②▢▢▢를 몰래 낳았다. 성장한 제우스는 아버지의 배 속에 갇힌 ③▢▢들을 구하고, 형제들과 힘을 합쳐 크로노스를 물리쳤다. 이렇게 제우스는 최고의 신이 되었다.

① _____   ② _____   ③ _____

📖 낱말의 반대말

낱말의 반대말끼리 선으로 이으세요.

믿다 ·   · 삼키다

토하다 ·   · 나타나다

숨다 ·   · 의심하다

> '의심하다'는 확실히 알 수 없어서 믿지 못한다는 뜻이야.

📖 꾸며 주는 말

빈 곳에 알맞은 말을 넣어 문장을 완성하세요.

```
끝내    끝에 가서 드디어.
재빨리  동작 따위가 재빠르게.
전부    어느 한 부분이 아니라 전체가 다.
```

(1) 제우스는 아버지의 눈을 피해 _____ 몸을 숨겼다.

(2) 아파서 먹은 것을 _____ 토했다.

(3) 크로노스는 _____ 제우스의 화살에 쓰러졌다.

토픽 한 줄 정리

제우스의 형제 중 더 알아보고 싶은 신이 있니?

☐ 바다의 신, 포세이돈   ☐ 죽음을 다스리는 신, 하데스   ☐ 결혼의 여신, 헤라

☐ 땅과 곡물의 여신, 데메테르   ☐ 불의 여신, 헤스티아

왜냐하면 _____

최고가 되어야 행복할까?
궁금하면 다음 장을 넘겨 봐! >>>>>

'최고'와 '행복'의 관계

사회자　최고가 되면 행복할까요? 여러분은 어떻게 생각하나요?

율아　저는 최고가 되어야 행복하다고 생각합니다. 올림픽을 떠올려 보세요. 시상대 가장 높은 곳에 오른 금메달리스트는 4년 동안 땀 흘리며 노력한 과정이 헛되지 않았다는 만족감과 승리했다는 기쁨을 느낄 수 있습니다. 반대로 결과가 좋지 않다면, 아쉽고 속상할 것입니다. 따라서 최고가 되어야 행복할 수 있다고 생각합니다.

다람　최고가 된다고 반드시 행복한 것은 아닙니다. 열심히 노력하여 1등을 하면 당연히 기분이 좋겠죠. 하지만 1등은 도전받는 자리이므로, 큰 부담을 느낄 수밖에 없습니다. 무조건 1등을 해야 한다는 생각에 사로잡히면 항상 경쟁자를 신경 쓰느라 스트레스를 받고, 지치게 됩니다. 이런 상황에서 행복할 수 있을까요? 1등이 되어야만 행복하다는 생각을 버려야 진짜 행복을 찾을 수 있습니다.

율아　경쟁이 반드시 스트레스를 주는 것은 아닙니다. 오히려 노력을 이어 갈 수 있는 마음을 갖게 해 줘서 더 좋은 결과를 이끌어 냅니다.

다람　다른 사람을 이겨서 반드시 1등이 되겠다는 마음보다 중요한 것은 스스로 더 나은 결과를 얻기 위해 노력하는 마음입니다. 이런 마음이 있다면 2등, 3등도 얼마든지 행복할 수 있습니다. 최고가 아니라 최선을 다하여 얻은 결과에 만족할 줄 알아야 행복한 사람이 될 수 있습니다.

사회자　최고가 되는 건 행복한 일이기도 하지만, 최고에 집착하기만 한다면 행복할 수 없다는 생각이 드네요.

어휘 알기 색칠한 낱말과 초성을 보고 뜻풀이에 알맞은 낱말을 ___에 쓰세요.

| ㅈ | ㅊ | 어떤 것에 늘 마음이 쏠려 잊지 않고 매달림.
_____

| ㄱ | ㅈ | ㅈ | 어떤 목적을 두고 서로 이기려고 다투는 상대자.
_____

| ㅇ | ㅅ | ㄷ | 안타깝고 만족스럽지 못하다.
_____

독해력 기르기

01 이 글에서 두 사람의 주장이 무엇인지 빈칸에 알맞은 말을 쓰세요.

율아
[ ][ ] 가 되어야
행복하다.

↔

다람
최고가 반드시
[ ][ ] 한 것은 아니다.

02 다음 중 나머지 두 개와 다른 의견을 찾아 ○ 하세요.

(1) 1등을 하면 1등을 노리는 경쟁자들을 경계하게 된다.   (   )

(2) 1등을 하면 다음 시험에서 성적이 떨어질까 봐 걱정하게 된다.   (   )

(3) 1등을 하면 자신의 노력이 헛되지 않았다는 만족감을 느낄 수 있다. (   )

03 율아의 주장을 뒷받침하는 근거를 찾아 ○ 하세요.

(1) 최고의 자리를 지키기 위해 더 많이 노력하다 지치게 된다.   (   )

(2) 열심히 노력했는데 최고가 되지 못하면 아쉬운 마음이 든다. (   )

04 이 글에 대한 설명으로 알맞지 <u>않은</u> 것은 무엇인가요? (   )

① 토론의 주제는 '최고가 되어야 행복한가?'이다.

② 주제에 대해 서로 의견이 다른 두 사람이 각각 의견을 말했다.

③ 토론 진행 과정에서 토론에 참여한 두 사람의 의견이 변화되었다.

④ 자신의 의견을 말할 때 왜 그렇게 생각하는지 이유를 들어 설명했다.

⑤ 사회자는 토론의 주제를 밝히고, 두 사람의 의견을 정리하는 역할을 했다.

05 다음 중 다람이와 같은 의견을 말한 친구에 ○ 하세요.

(1)
> 나도 최고가 되어야 행복하다고 생각해. 내가 1등 상을 타면 나뿐만 아니라 우리 엄마, 아빠도 행복해질 거야.

(2)
> 꼭 최고가 되어야 행복한 것은 아니야. 꼴등이었다가 3등이 된 친구도 만족감과 행복을 느낄 수 있어. 그러니 꼭 1등만 행복한 건 아니야.

06 이 글의 내용을 요약했어요. 빈칸에 들어갈 알맞은 말을 쓰세요.

최고가 되어야 행복할까?

율아: 그렇다	다람: 아니다
열심히 노력하여 최고가 되면 만족감과 ①◻◻을 느끼지만 결과가 좋지 않으면 속상하다. 최고의 자리를 지키려는 경쟁 상황은 더 좋은 결과를 만든다.	1등은 ②◻◻의 자리를 지키려고 더 많은 노력을 해야 해서 ③◻◻◻◻를 받고 금세 지친다. 최선을 다하여 얻은 결과에 만족할 줄 알아야 행복하다.

① _____ ② _____ ③ _____

어휘력 더하기

뜻을 더하는 말

빈칸에 알맞은 말을 쓰세요.

만족   성취   행복   책임

+

-감

어떤 낱말 뒤에 붙어 '느낌'의 뜻을 더한다.

| 만 | 족 | 감 |

만족한 느낌.

| | | 감 |

생활에서 충분한 만족과 기쁨을 느끼는 마음.

| | | 감 |

목적한 바를 이루었다는 느낌.

올바른 표기

바르게 쓰인 말에 ○ 하세요.

(1) 그것은 (헛됀 , 헛된) 일이다.

(2) 그 친구의 (헛된 , 헌된) 약속을 믿지 마라.

(3) 1등을 했으니 나의 노력이 (헛되지 , 헛돼지) 않았다.

'헛되다'는 아무 보람이나 실속이 없다는 뜻이야!

토픽 한 줄 정리

너도 최고가 되고 싶니?

☐ 그렇다.   ☐ 그렇지 않다.

왜냐하면 _____

돈은 어떻게 변해 왔을까?

미래의 돈은 어떤 모습일까?

사람들은 언제부터 돈을 썼을까?

용돈을 아껴 쓸 수 있는 방법은?

돈

| 물건을 사고파는 데 사용하고, 재산을 모으는 대상으로 사용하는 물건.

사람들은 왜 돈을 많이 벌고 싶어 할까?

자린고비는 왜 그렇게 돈을 아꼈을까?

돈을 잘 버는 방법이 있을까?

돈으로 무엇을 할 수 있을까?

자린고비와 달랑곱재기

자린고비는 부자였지만 지독한 구두쇠였어요. 허름한 집에서 덕지덕지 기운 옷을 입고, 반찬도 거의 없이 밥만 먹고 살았어요. 마을에 생선 장수가 오면 생선을 만지작거리다 들어와 손 씻은 물로 국을 끓이는 게 특별한 음식이었지요.

한번은 자린고비가 굴비 한 마리를 얻어 오자, 가족들이 군침을 삼켰어요. 그런데 자린고비는 그 굴비를 천장에 매달아 놓고 말했어요.

㉠"밥 한 술에 굴비는 딱 한 번만 쳐다봐라. 두 번 보면 짜다."

똥도 아까워서 남의 집에서 싸지 않는 자린고비지만, 그래도 이웃 마을 친구인 달랑곱재기가 찾아오면 반갑게 맞았어요. 달랑곱재기도 부채가 닳을까 봐 부채를 가만히 들고 고개를 마구 흔드는 구두쇠였어요. 둘이 만나면 은근히 자신이 더 지독한 구두쇠라고 뻐기기도 했어요.

어느 날, 달랑곱재기가 자린고비 집에서 자려는데, 찬 바람이 솔솔 들어왔어요.

"방문에 구멍이 뚫렸네."

달랑곱재기는 가지고 있던 창호지 조각에 밥풀을 발라 구멍을 막았어요. 다음 날 아침, 달랑곱재기가 창호지 조각을 떼어 내 다시 가져가려고 하자, 자린고비가 말했어요.

"창호지에 붙은 밥풀은 우리 집 것이니 잘 떼어 두고 창호지만 가져가게."

이듬해 흉년이 들어 마을 사람들이 몹시 굶주렸어요. 자린고비는 주저하지 않고 곳간 문을 활짝 열었어요. 사람들은 깜짝 놀랐어요.

"이럴 때 쓰려고 내가 아끼고 모은 것이니 어서들 곡식을 가져가시오."

소문을 들은 달랑곱재기도 이에 질세라 곳간을 열었어요. 덕분에 두 마을 사람들은 흉년에도 배곯지 않고 살 수 있었어요. 이때부터 사람들은 자린고비와 달랑곱재기를 존경하며 알뜰살뜰 아끼며 사는 것을 본받았어요.

어휘 알기 색칠한 낱말과 초성을 보고 뜻풀이에 알맞은 낱말을 ___에 쓰세요.

| ㅎ | ㄴ | 농작물 농사가 잘되지 않아 먹을 것이 없어 굶주리게 된 해. | _____ |

| ㄱ | ㄱ | 곡물 등 각종 물건을 간직하여 두는 곳. | _____ |

| ㅂ | ㄱ | ㄷ | 먹는 것이 적어서 배가 차지 않거나 배가 고파 고통을 받다. | _____ |

독해력 기르기

01 자린고비가 돈을 아끼기 위해 한 행동을 모두 골라 ○ 하세요.

(1) 생선을 만지고 손 씻은 물로 국을 끓였다.   (   )

(2) 굴비를 천장에 매달아 놓고 쳐다보며 밥을 먹었다. (   )

(3) 창호지 조각에 밥풀을 발라 방문 구멍을 막았다.   (   )

02 다음 중 자린고비에 대한 설명으로 알맞지 <u>않은</u> 것은 무엇인가요? (   )

① 돈을 아끼고 모아서 부자가 되었다.

② 지나친 구두쇠라 친구가 한 명도 없었다.

③ 부자였지만 허름한 집에서 기운 옷을 입고 살았다.

④ 마을 사람들이 힘들 때 자신이 가진 것을 베풀었다.

⑤ 반찬도 거의 없이 밥만 먹을 정도로 지독하게 아끼는 사람이다.

03 자린고비가 ㉠처럼 말한 까닭으로 알맞은 것에 ○ 하세요.

(1) 굴비를 쳐다본 다음에 먹으면 더 맛있기 때문에   (   )

(2) 밥 한 술에 굴비를 두 번 쳐다보는 것도 낭비라고 여겨서 (   )

04 자린고비가 지나치게 절약한 까닭으로 알맞은 것을 모두 고르세요. (　　　，　　　)

① 부자였다가 지독하게 가난해져서

② 마을 사람들이 힘들 때 도와주기 위해서

③ 마을에서 제일가는 부자가 되고 싶어서

④ 돈을 모아 뒀다가 꼭 필요할 때 쓰기 위해서

⑤ 달랑곱재기보다 더 구두쇠인 것을 자랑하기 위해서

05 이 글에 대한 감상을 알맞게 말한 친구에 ○ 하세요.

(1) 자린고비처럼 친한 친구에게만 가진 것을 베푸는 것은 옳지 않다고 생각해.

(2) 자린고비는 마을 사람들에게 존경받을 만해. 나도 다른 사람들에게 베푸는 마음을 본받고 싶어.

(3) 힘들게 모은 것을 모두 나누어 주고 나면 빈털터리가 되는 거잖아. 자린고비처럼 아껴 봤자 아무 소용 없다고 생각해.

06 이 글의 내용을 요약했어요. 빈칸에 들어갈 알맞은 말을 쓰세요.

> 자린고비는 ①☐☐였지만 허름한 집에서 기운 옷을 입고 지나치게 아끼며 살았다. 이웃 마을에 사는 친구인 달랑곱재기도 자린고비처럼 ②☐☐☐였다. 마을에 흉년이 들어 마을 사람들이 굶주리자 자린고비는 스스로 곳간을 열고 ③☐☐을 나누어 주었다. 달랑곱재기도 곳간을 열어서 두 마을 사람들은 흉년을 잘 이겨 냈다. 사람들은 그때부터 두 사람을 본받아 아끼며 살았다.

① ＿＿＿＿＿＿＿＿　　② ＿＿＿＿＿＿＿＿　　③ ＿＿＿＿＿＿＿＿

흉내 내는 말

빈 곳에 공통으로 들어갈 수 있는 흉내 내는 말을 찾아 선으로 이으세요.

'덕지덕지'는 어지럽게 덧붙거나 겹쳐 있는 모양을 흉내 내는 말이야.

(1)
자린고비는 □□□□ 기운 옷을 입고 살았다.

아이가 손에 반창고를 □□□□ 붙였다.

· 덕지덕지 ·

· 알뜰살뜰 ·

(2)
자린고비는 재산을 □□□□ 모아 부자가 되었다.

낭비하지 않고 □□□□ 아껴야 잘산다.

낱말의 기본형

빈 곳에 알맞은 형태의 낱말을 쓰세요.

기본형	바뀐 형태
깁다	기워
	기우니
	깁는

(1) 자린고비는 옷을 _____ 입었다.

(2) 할머니는 낡은 옷을 감쪽같이 _____ 재주가 있다.

(3) 구멍 난 양말을 _____ 신을 정도로 알뜰하다.

토픽 한 줄 정리

자린고비 정신을 본받아 네가 아낄 수 있는 것은 무엇이니?

☐ 학용품　　☐ 음식　　☐ 옷과 신발　　☐ _____

나는 _____

오늘날 우리가 쓰는 돈은 어디에서 만들까?
궁금하면 다음 장을 넘겨 봐! >>>>>

한국은행 화폐 박물관에 다녀오다

엄마가 돈에 관심을 가지고 아껴 쓰라고 하시며 한국은행 화폐 박물관에 데려가 주셨다. 화폐 박물관이 있는 한국은행 건물은 기둥과 계단이 고풍스러워 보였다.

가장 먼저 들어간 곳은 '우리의 중앙은행'이라는 전시실이다. 이곳에서 한국은행이 하는 일에 대해 알게 되었다. 한국은행은 1950년에 만들어진 우리나라의 중앙은행이다. 한국은행이 하는 가장 중요한 일은 우리가 쓰는 화폐를 발행하는 것이다. 한국은행에서 돈을 얼마나 만들지 결정하면 조폐 공사에서 그만큼의 돈을 만든다. 한국은행은 이렇게 만들어진 돈을 일반 은행으로 보내고, 일반 은행은 기업이나 개인들이 사용할 수 있게 한다. 은행에서 예금을 찾으면 화폐가 개인에게 옮겨 가고, 반대로 예금을 하거나 세금을 내면 화폐는 다시 은행으로 돌아온다. 이런 과정을 통해 돈이 돌고 도는 것이다.

그다음에 '화폐 광장' 전시실을 둘러보았다. 우리나라의 시대별 화폐와 세계 각국의 화폐가 전시되어 있었다. 오랜 옛날, 사람들은 물건과 물건을 직접 맞바꿔 필요한 것을 얻는 '물물 교환'을 했다. 그러다 소금, 조개, 쌀과 같은 물품을 화폐처럼 사용했는데, 이를 '물품 화폐'라고 한다. 이후 사람들은 금이나 은, 쇠 등으로 만든 '금속 화폐'를 사용했는데, 우리나라도 고려 시대부터 구리, 철 등을 녹여 금속 화폐를 만들었다고 한다. 옛날 우리나라 엽전과 일제 강점기부터 사용했던 종이 화폐는 지금 우리가 쓰는 돈과 생김새가 달라 신기했다.

화폐의 역사를 알고 나니 화폐는 사람들이 쓰기 편한 형태로 점차 변해 왔고, 앞으로도 계속 변할 것이라는 생각이 들었다. 지금 우리가 쓰는 돈이 앞으로 어떻게 변할지, 정말 궁금하다.

▲ 조선 시대에 사용하던 엽전

▲ 1960년대에 한국은행에서 발행된 백 원권

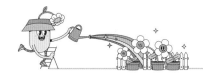

어휘 알기 색칠한 낱말과 초성을 보고 뜻풀이에 알맞은 낱말을 ___에 쓰세요.

| ㅂ | ㅎ | 화폐, 증권, 증명서 따위를 만들어 세상에 내놓아 널리 쓰도록 함. | _____ |

| ㅅ | ㄱ | 국가나 지방 단체가 나라 살림을 위해 일반 국민으로부터 거두어들이는 돈. | _____ |

| ㅇ | ㄱ | 일정한 계약에 의하여 은행에 돈을 맡기는 일. | _____ |

독해력 기르기

01 이 글에 대한 설명으로 알맞지 **않은** 것에 ✕ 하세요.

(1) 한국은행 화폐 박물관에 견학을 다녀와서 쓴 글이다.   (   )

(2) 화폐 박물관의 특징을 다른 사람에게 소개하는 글이다.   (   )

(3) 견학 가서 본 것과 알게 된 것, 자신의 생각 등이 담겨 있다. (   )

02 글쓴이가 박물관의 각 전시실에서 한 일을 알맞게 선으로 이으세요.

(1) 우리의 중앙은행 전시실 •

• (가) 우리나라 시대별 화폐와 세계 각국의 화폐를 보았다.

(2) 화폐 광장 전시실 •

• (나) 한국은행이 하는 일에 대해 알아보았다.

03 이 글에 나타난 글쓴이의 생각과 느낌을 모두 골라 ○ 하세요.

(1) 한국은행에 대해 몰랐던 사실을 알게 되어 재미있었다.   (   )

(2) 옛날 사람들이 사용하던 화폐가 지금과 전혀 달라 신기했다.   (   )

(3) 옛날과 지금 화폐의 형태가 다르니 앞으로도 계속 변할 것 같다.   (   )

04 글쓴이가 견학을 통해 알게 된 사실로 알맞지 <u>않은</u> 것은 무엇인가요? (　　　)

① 한국은행은 화폐를 발행하는 중앙은행이다.

② 오랜 옛날, 화폐가 없을 때 사람들은 물건과 물건을 맞바꾸었다.

③ 금속으로 화폐를 만들기 전에 사람들은 계속 물물 교환을 했다.

④ '물품 화폐'는 소금, 조개, 쌀과 같은 물품을 화폐처럼 사용한 것이다.

⑤ 우리나라는 고려 시대부터 구리, 철 등을 녹여 금속 화폐를 만들었다.

05 화폐의 변화 과정을 알맞게 이해하고 생각을 말한 친구에 ○ 하세요.

(1) 사람들이 필요한 물건을 더 편하게 얻기 위해 돈의 형태도 점점 간편하게 변해 온 것 같아.

(2) 지금도 소금, 조개, 쌀과 같은 물품을 화폐처럼 이용하면 더 편리할 것 같아.

06 이 글의 내용을 요약했어요. 빈칸에 들어갈 알맞은 말을 쓰세요.

```
                    한국은행 화폐 박물관
          ┌──────────────┴──────────────┐
   우리의 중앙은행 전시실                    화폐 광장 전시실

  한국은행이 우리나라의 화폐를        물물 교환 → 물품 화폐 → ②☐☐
  발행하는 ①☐☐☐☐이라는          화폐를 거쳐 종이 화폐가 만들어진
      것을 알게 됐다.             돈의 변화 과정을 알게 되었다.
          └──────────────┬──────────────┘
        앞으로도 계속 ③☐☐의 형태가 변할 것이라고 생각했다.
```

①　　　　　　　　　　　② 　　　　　　　　　　　③

어휘력 더하기

낱말 퍼즐

가로 풀이와 세로 풀이를 보고, 뜻에 알맞은 말을 빈칸에 쓰세요.

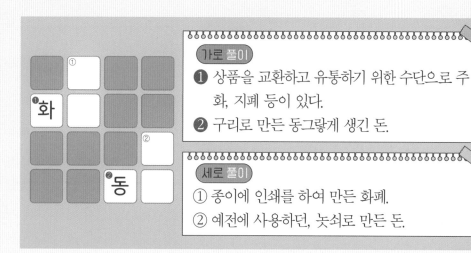

가로 풀이

❶ 상품을 교환하고 유통하기 위한 수단으로 주화, 지폐 등이 있다.
❷ 구리로 만든 동그랗게 생긴 돈.

세로 풀이

① 종이에 인쇄를 하여 만든 화폐.
② 예전에 사용하던, 놋쇠로 만든 돈.

순서를 알려 주는 말

순서를 알려 주는 말을 빈칸에 알맞게 쓰세요.

| 가장 먼저 | 그다음에 | 마지막으로 |

나는 _____ 1층 전시실을 구경했다. _____ 2층 전시실로 갔다. _____ 간 곳은 3층 전시실이다.

시간 순서나 공간의 이동에 따른 글을 쓸 때 순서를 알려 주는 말을 쓰면 효과적으로 설명할 수 있지!

토픽 한 줄 정리

화폐 박물관에서 무엇을 구경하고 싶니?

☐ 옛날 우리나라의 화폐   ☐ 다른 나라의 화폐   ☐ _____

왜냐하면 _____

용돈을 잘 쓰는 좋은 방법이 있대.
궁금하면 다음 장을 넘겨 봐! >>>>>

용돈을 다 써 버린 날

20○○년 ○월 ○일 날씨: 흐리고 미세먼지가 많음.

일주일 치 용돈을 한꺼번에 다 써 버렸다. 낮에 윤아랑 문구점에 들렀다가 고양이가 그려진 필통을 보고, 충동적으로 사 버렸다. 며칠 후에 친구 생일 선물도 사야 하는데 어쩌면 좋을지 모르겠다. 난 왜 자꾸 ㉠돈을 기분에 따라 쓰는 걸까? 이래서는 안 될 것 같아서 ㉡용돈을 계획적으로 잘 쓰는 방법을 인터넷으로 찾아보았다.

첫째, 용도에 따라 쓸 돈을 나눈다. 예를 들어 용돈이 만 원이면 저축할 돈 2천 원, 자유롭게 쓸 돈 5천 원, ㉢다른 사람을 위한 돈 3천 원처럼 돈을 쓸 곳을 미리 정해 나누는 것이다. 다른 사람을 위한 돈이란 가족이나 친구의 생일 선물 등을 사는 데 쓸 돈이다. 이렇게 쓸 곳을 미리 정해 두면 불필요한 지출을 하지 않고, 돈을 아낄 수 있다.

둘째, 용돈 기입장을 쓴다. 용돈 기입장에 내가 어디에 얼마를 썼는지 기록하면 꼭 필요한 곳에 알맞게 돈을 썼는지 알기 쉽다.

셋째, 통장을 만든다. 돈을 가지고 있으면 쓰기 쉽다. 하지만 은행에 저금을 해 두면, 돈을 찾으러 가는 것이 번거로워 돈을 덜 쓰게 된다.

돈을 잘 쓰는 방법은 생각보다 어렵지 않았다. 이대로 실천하면 내 용돈이 눈 깜짝할 새 사라지는 일은 생기지 않을 것 같다. 다음 달부터는 용돈을 계획적으로 써야겠다.

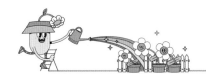

어휘 알기 색칠한 낱말과 초성을 보고 뜻풀이에 알맞은 낱말을 ___에 쓰세요.

| o | c | 돈이나 물건이 쓰이는 곳이나 목적.

_____

| ㅈ | ㅊ | 어떤 목적을 위해 돈을 치르는 것.

_____

| ㅊ | ㄷ | ㅈ | 뚜렷한 판단이 없이 갑자기 하고 싶은
마음이 생겨서 행동하는 것.

_____

독해력 기르기

01 글쓴이가 일기를 쓴 까닭으로 알맞은 것에 ○ 하세요.

(1) 용돈을 어디에 어떻게 썼는지를 기록해 놓고 싶어서   (   )

(2) 용돈을 다 써서 후회하고 반성하는 마음을 엄마에게 전하고 싶어서   (   )

(3) 용돈을 아껴 쓸 수 있는 방법을 적어 놓고 그대로 실천하려고   (   )

02 다음 중 글쓴이가 찾은 용돈 관리법으로 알맞지 <u>않은</u> 것에 ✕ 하세요.

(1) 용돈 기입장에 내가 쓴 돈을 기록한다.   (   )

(2) 쓰지 않고 남은 용돈을 모두 저축하여 큰돈을 만든다. (   )

(3) 용도에 따라 쓸 돈을 나누어 계획적으로 쓴다.   (   )

03 다음 중 ㉠과 ㉡의 예로 알맞은 것을 각각 선으로 이으세요.

(1) ㉠ •   • (가) 문구점에 들렀다가 물건을
충동적으로 사는 일

(2) ㉡ •   • (나) 돈을 쓸 곳을 미리 정해
나누어 두는 일

04 다음 중 ㉢에 해당하는 돈이 <u>아닌</u> 것은 무엇인가요? (   )

① 할머니 생신 선물을 사기 위한 돈

② 학교 준비물을 살 때 필요한 돈

③ 어버이날 카네이션을 살 때 쓰는 돈

④ 학교에서 불우이웃을 위한 성금을 걷을 때 내는 돈

⑤ 여행 가서 친구에게 주고 싶은 기념품을 살 때 쓰는 돈

05 이 글을 읽고 자신의 생각을 알맞게 말하지 <u>못한</u> 친구의 이름을 쓰세요.

(   )

> **민호:** 글쓴이처럼 나도 용돈을 계획 없이 쓰는 편인데 이렇게 용돈을 관리하면 확실히 용돈을 아껴 쓸 수 있을 것 같아.
>
> **우림:** 용돈은 내가 자유롭게 쓰는 돈이니까 힘들게 관리하거나 저축을 많이 할 필요는 없다고 생각해.
>
> **혜원:** 글쓴이가 용돈을 낭비한 태도를 반성하고 이렇게 용돈을 관리할 계획을 세운 게 기특하다는 생각이 들었어.

06 이 글의 내용을 요약했어요. 빈칸에 들어갈 알맞은 말을 쓰세요.

> ①☐☐을 계획적으로 잘 쓰는 방법을 알아보았다. 첫째, 용도에 따라 쓸 돈을 미리 나누어 두면 불필요한 지출을 하지 않고, 돈을 절약할 수 있다. 둘째, ②☐☐☐☐☐을 쓰면 돈을 알맞게 썼는지 알 수 있다. 셋째, 은행에 ③☐☐을 하면 지출을 줄일 수 있다. 이 방법을 실천해 용돈을 아껴야겠다.

① _____   ② _____   ③ _____

용(用)이 들어간 낱말

빈칸에 주어진 글자를 써넣어 한자어를 완성하세요.

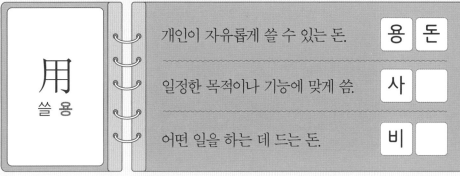

用 쓸 용	개인이 자유롭게 쓸 수 있는 돈.	용 돈
	일정한 목적이나 기능에 맞게 씀.	사 ☐
	어떤 일을 하는 데 드는 돈.	비 ☐

뜻이 여러 개인 말

밑줄 친 말이 어떤 뜻으로 쓰였는지 번호를 쓰세요.

② 정하지 아니한 수량이나 정도.

① 잘 모르는 수량이나 값 또는 정도.

얼마

③ 비교적 적은 수량이나 값 또는 정도.

(1) 이 사과는 얼마예요?　　　　　　　(　　)

(2) 내가 가진 게 얼마 안 되지만 너에게 줄게. (　　)

(3) 네가 얼마를 먹든 괜찮으니 마음껏 먹어. (　　)

토픽 한 줄 정리

용돈 사용 계획을 세워 봐!

나의 용돈: _____ 원

쓸 곳: _____

세계적으로 유명한 부자를 알고 있니?
궁금하면 다음 장을 넘겨 봐! >>>>>

백만장자 워런 버핏

워런 버핏의 어릴 적 꿈은 서른다섯 살에 백만장자가 되는 것이었어요. 워런은 돈 버는 일이 재미있었어요.

열 살이 되기 전부터 주식 거래소에 놀러 가 숫자들의 변화를 관찰하고 표로 정리하며 연구했어요. 또 할아버지가 운영하는 식료품 가게에 가서 사람들이 무엇을 많이 사 가는지 지켜보았어요. 할아버지 가게에서 음료수를 직접 팔아 보기로 결심한 워런은 음료수를 팔기 전에 마을 곳곳을 다니며 병뚜껑을 모았어요.

"콜라병 뚜껑이 많은 걸 보니 사람들이 가장 많이 사 먹는 음료수는 콜라구나. 콜라를 팔면 돈을 많이 벌 수 있겠네."

워런이 어릴 때부터 장사를 한 이유는 용돈을 벌기 위해서가 아니었어요. 돈을 버는 법을 배우고 싶었기 때문이에요. 그리고 그는 부자가 되기 위해 공부를 열심히 하고 책을 많이 읽었어요. 책을 많이 읽을수록 세상을 잘 이해할 수 있었거든요. 어떤 주식을 살 것인지, 어떤 사업에 투자할 것인지 등을 결정하거나 판단할 때 공부한 내용이 도움이 되었어요.

백만장자가 되겠다는 워런의 꿈은 서른두 살에 이루어졌어요. 그리고 2008년, 세계 최고의 부자가 되었어요. 하지만 그는 여전히 소박했어요. 오래된 집에서 살고, 중고차를 타며 햄버거를 즐겨 먹었어요.

"㉠부는 개인의 것이 아니라 사회에 되돌려 주어야 하는 것입니다."

워런은 돈의 가치는 나눌 때 더 커진다고 믿었어요. 그래서 자신의 신념대로 재산의 대부분을 빌 게이츠 부부가 운영하던 게이츠 재단에 기부했어요. 전 세계 어려운 이웃들을 돕는 일을 가장 잘할 수 있는 사람들에게 자신의 돈을 맡긴 거예요.

"이제 나의 꿈은 부자로 죽지 않는 것이다."

오늘도 워런은 새로운 꿈을 이루어 가고 있어요.

어휘 알기 색칠한 낱말과 초성을 보고 뜻풀이에 알맞은 낱말을 ＿＿에 쓰세요.

| ㅅ | ㄹ | ㅍ |

음식의 재료가 되는 물품으로 고기, 채소, 과일 등을 말한다.

＿＿＿＿＿＿＿＿＿

| ㅈ | ㄱ | ㅊ |

어느 기간 동안 사용하여 조금 낡은 자동차.

＿＿＿＿＿＿＿＿＿

| ㅂ | ㅁ | ㅈ | ㅈ |

재산이 매우 많은 사람. 또는 아주 큰 부자.

＿＿＿＿＿＿＿＿＿

독해력 기르기

01 워런 버핏의 어릴 적 꿈과 새로운 꿈을 각각 선으로 이으세요.

(1) 어릴 적 꿈 •

• (가) 부자로 죽지 않는 것

(2) 새로운 꿈 •

• (나) 서른다섯 살에 백만장자가 되는 것

02 워런 버핏이 꿈을 이루기 위해 한 일이 <u>아닌</u> 것에 ✕ 하세요.

(1) 유명한 백만장자에 대해 알아보고 공부했다.   (   )

(2) 주식 거래소에 놀러 가 숫자의 변화를 관찰하고 연구했다. (   )

(3) 음료수를 팔기 전에 가장 잘 팔리는 음료수를 알아보았다. (   )

03 이 글을 통해 알 수 있는 워런 버핏의 성격으로 알맞은 것에 ○ 하세요.

(1) 욕심이 많고 이기적이다.   (   )

(2) 꾸준히 노력하고 적극적이다.   (   )

(3) 깔끔하고 정리정돈을 잘한다.   (   )

04 워런 버핏이 말한 ㉠의 의미로 가장 알맞은 것에 ○ 하세요.

(1) 개인이 열심히 번 돈이라도 그 돈은 그 사람의 것이 아니다. ( )

(2) 부자는 자신의 재산을 반드시 다른 사람에게 나눠 줘야 한다. ( )

(3) 돈을 더 가치 있게 쓰는 방법은 어려운 사람들을 돕는 것이다. ( )

05 이 글에 대한 감상을 알맞게 말한 친구에 ○ 하세요.

(1)
백만장자가
되면 무조건 사회에
자신의 전 재산을 기부해야
한다고 말한 워런 버핏의
말에 동의해.

(2)
어릴 적부터
부자가 되겠다는 꿈을
갖고 꾸준히 노력하여 꿈을
이룬 워런 버핏의 태도를
본받고 싶어.

(3)
워런 버핏이
부자가 된 방법을
똑같이 따라 하면
누구나 부자가 될 수
있을 것 같아.

06 이 글의 내용을 요약했어요. 빈칸에 들어갈 알맞은 말을 쓰세요.

> 워런 버핏은 어릴 때부터 돈 버는 일을 재미있게 여겼다. 그는 주식 거래소에서 숫자들의 흐름을 연구하고, 할아버지 가게에서 무엇이 많이 팔리는지 알아보며 ①☐ 버는 법을 익히고 배웠다. 워런은 ②☐☐☐☐☐가 되겠다는 꿈을 서른두 살에 이뤘다. 하지만 여전히 소박하게 살면서 어려운 이웃을 돕기 위해 ③☐☐의 대부분을 기부했다.

① _____ ② _____ ③ _____

뜻이 비슷한 말

글자판에서 글자를 찾아 뜻이 비슷한 말을 쓰세요.

영 검 기
증 경 소

'소박하다'와 뜻이 비슷한 말

☐ ☐ 하 다

뜻 낭비하거나 사치하지 않고 수수하다.

'기부하다'와 뜻이 비슷한 말

☐ ☐ 하 다

뜻 돈이나 물건 따위를 대가 없이 내놓다.

'운영하다'와 뜻이 비슷한 말

☐ ☐ 하 다

뜻 조직이나 사업체 따위를 관리하고 꾸려 나가다.

뜻이 여러 개인 말

밑줄 친 말이 어떤 뜻으로 쓰였는지 번호를 쓰세요.

① 일을 하여 돈 따위를 얻거나 모으다.

벌다

② 시간이나 돈을 안 쓰게 되어 여유가 생기다.

(1) 아빠가 돈을 많이 벌었다. ( )

(2) 공부할 시간을 벌기 위해 지름길로 왔다. ( )

토픽 한 줄 정리

워런 버핏처럼 부자가 된다면 무엇을 하고 싶니?

☐ 갖고 싶은 것 사기 ☐ 부모님께 돈 드리기 ☐ 기부하기 ☐ _____

부자가 되면 _____

 앞으로 돈의 형태는 어떻게 변할까? 궁금하면 다음 장을 넘겨 봐! >>>>>

가상 화폐와 전자 지갑

물건을 사고 값을 치를 때 보통 지폐나 동전 같은 현금을 내거나 신용 카드로 결제를 합니다. 그런데 요즘에는 현금이나 신용 카드 대신, 가상 화폐나 전자 지갑을 이용하는 사람들이 많습니다.

가상 화폐란, 실물이 없는 화폐입니다. 현금이나 신용 카드는 우리가 만질 수 있는 실제 물건이지만, 가상 화폐는 우리가 만질 수 없습니다. 가상 화폐는 기업들이 만듭니다. 인터넷 사이트에서 발행하는 쿠폰이나 게임 머니가 대표적인 가상 화폐입니다. 가상 화폐는 그 화폐를 발행한 사이트나 기업이 정한 곳에서만 사용할 수 있습니다. 온라인상에서 물건을 구매할 때 가상 화폐를 이용하면 편리하고, 적은 금액도 간단히 지불할 수 있어서 이용자들이 점점 늘고 있습니다.

전자 지갑은 스마트폰에 모바일 신용 카드, 모바일 쿠폰, 회원 카드 등을 모아 놓은 것입니다. 그래서 스마트폰만 가지고 있으면 언제 어디서든 사용할 수 있습니다. 최근 카드 회사, 통신 회사, 은행 등에서 적극적으로 전자 지갑을 개발하고 있습니다. 전자 지갑은 스마트폰 시대에 편리한 결제 방법으로, 앞으로 현금과 신용 카드를 대신할 것으로 기대하고 있습니다.

하지만 가상 화폐와 전자 지갑을 이용할 때 주의할 점이 있습니다. 가상 화폐와 전자 지갑은 모두 인터넷에 기록되어 있는 디지털 정보입니다. 따라서 개인 정보가 유출되면 누군가 나의 가상 화폐나 전자 지갑을 제멋대로 쓸 수 있지요. 그러므로 가상 화폐나 전자 지갑을 이용할 때는 개인 정보 보호에 각별히 신경 써야 합니다.

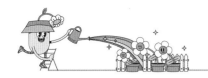

어휘 알기 색칠한 낱말과 초성을 보고 뜻풀이에 알맞은 낱말을 ___에 쓰세요.

| ㅅ | ㅁ | 실제로 있는 물건이나 사람. | _____ |

| ㅈ | ㅂ | ㅎ | ㄷ | 돈을 내어 주거나 값을 치르다. | _____ |

| ㅇ | ㅊ | ㄷ | ㄷ | 귀중한 물품이나 정보 따위가
불법적으로 조직 밖으로 나가다. | _____ |

독해력 기르기

01 이 글에서 설명한 결제 방법의 두 가지 형태를 찾아 ○ 하세요.

신용 카드   현금   가상 화폐   전자 지갑

02 다음 낱말과 관계있는 설명을 찾아 알맞게 선으로 이으세요.

(1) 가상 화폐 •

(2) 전자 지갑 •

• (가) 스마트폰에 모바일 신용 카드, 모바일
쿠폰, 회원 카드 등을 모아 놓은 것

• (나) 기업들이 만들어 온라인상에서
사용하는 실물이 없는 화폐

03 이 글에서 설명한 내용으로 알맞지 않은 것에 ✕ 하세요.

(1) 가상 화폐 이용자들이 점점 늘어나고 있다. (   )

(2) 가상 화폐는 스마트폰만 있으면 언제 어디서든 사용할 수 있다. (   )

(3) 전자 지갑을 이용할 때 개인 정보가 유출될 수 있는 문제가 있다. (   )

04 이 글을 읽고 알 수 <u>없는</u> 내용은 무엇인가요? (　　　)

① 현금과 가상 화폐의 차이점

② 전자 지갑을 개발하는 기관

③ 가상 화폐를 만드는 대표 기업

④ 가상 화폐를 이용할 때 주의할 점

⑤ 현금과 신용 카드를 대신하는 지불 방법

05 이 글을 읽고 앞으로의 돈의 형태를 알맞게 예측한 친구의 이름을 쓰세요.

(　　　　　　)

> **한승:** 가상 화폐나 전자 지갑은 개인 정보가 유출될 위험이 있어서 앞으로 이용자가 늘어날 것 같지 않아.
>
> **종원:** 전자 지갑이 있으면 외출할 때 스마트폰만 챙기면 되니까 간편할 것 같아. 앞으로 사람들은 돈보다 전자 지갑을 더 많이 이용하게 될 것 같아.

06 이 글의 내용을 요약했어요. 빈칸에 들어갈 알맞은 말을 쓰세요.

> 요즘에는 지폐나 동전, 신용 카드 대신 가상 화폐와 ①☐☐ 지갑을 이용하는 사람들이 많다.

가상 화폐	전자 지갑
가상 화폐는 ②☐☐이 없는 화폐로 그 화폐를 발행한 인터넷 사이트나 기업이 정한 곳에서 사용할 수 있는 화폐이다.	전자 지갑은 ③☐☐☐☐에 모바일 신용 카드, 쿠폰 등을 모아 놓은 것으로, 스마트폰이 있으면 언제, 어디서든 사용할 수 있다.

① _____　② _____　③ _____

뜻이 비슷한 말

다음 낱말과 뜻이 비슷한 말이 아닌 것에 ✕ 하세요.

(1)
제멋대로
자기가 하고 싶은 대로.

멋대로   마음대로   그대로

(2)
간단히
단순하고 간략하게.

간절히   간편히   단순히

 헷갈리는 말

알맞은 말에 ◯ 하세요.

결제하다
물건값으로 치르는 비용을
주고받아 거래 관계를 끝맺다.

결재하다
결정할 자격이 있는 사람이 부하가
보고한 내용을 검토하여 승인하다.

'결제'와 '결재'의
발음이 비슷해서 헷갈리기
쉬우니 조심해!

(1) 많은 사람들이 물건값을 카드로 (결재한다 , 결제한다).

(2) 인터넷으로 물건을 주문하고 가상 화폐로 (결제했다 , 결재했다).

(3) 회사 사장님이 서류를 (결재했다 , 결제했다).

토픽 한 줄 정리   네가 상상하는 미래의 돈은 어떤 모습이니?

내가 상상한 미래의 돈은 _____

_____

_____

1일 흥부 놀부   11-13쪽

어휘 알기

신명, 사당패, 동여매다

독해력 기르기

01 (1) ○ (3) ○

02 ④   **03** (3) ○

04 (1)-(나) (2)-(가) (3)-(다)

05 주혁

06 ① 박씨 ② 재물 ③ 도깨비

어휘력 더하기

꾸며 주는 말 한바탕, 흠씬
모양이 같은 말 (1)-(나) (2)-(가)

| **독해력 기르기** |

01 놀부는 재물을 빼앗기고 도깨비들에게 두들겨 맞았지만, 자신이 벌을 받고 있다는 것을 깨닫지 못하고 계속 욕심을 부렸으므로 (2)는 알맞지 않습니다.

02 놀부는 급한 마음에 다리 다친 제비를 찾는 대신 멀쩡한 제비 다리를 부러뜨리고 고쳐 줍니다. 따라서 알맞은 답은 ④입니다.

03 이 글에서 놀부가 겪은 주요 사건은 놀부가 탄 박에서 금은보화 대신 사당패, 도깨비, 똥물이 나와서 놀부가 벌받은 일입니다.

04 놀부는 제비가 박씨를 물고 왔을 때 흥부가 받은 것과 같은 박 씨일 것이라 착각하고 기뻐합니다. 박 속에 금은보화가 들어 있을 거라 생각했고, 박에서 사당패, 광대가 나온 후에도 다른 박에서는 금은보화가 나오리라는 기대를 저버리지 않습니다.

05 욕심 많고 이기적인 행동을 한 놀부가 벌을 받는 모습을 통해 나쁘게 살면 벌을 받는다는 교훈을 얻을 수 있는 이야기입니다.

06 놀부가 제비 다리를 부러뜨려 고쳐 주고, 제비가 물고 온 박씨를 심은 후 어떤 일이 벌어졌는지를 시간 흐름에 따라 요약해 봅니다.

| **어휘력 더하기** |

꾸며 주는 말 (1) 한판 신나게 노는 사당패의 모습에 어울리는 꾸며 주는 말은 '한바탕'이고, (2) 놀부가 매를 심하게 맞는 모습에 어울리는 꾸며 주는 말은 '흠씬'이 알맞습니다.

모양이 같은 말 (1) 상을 받는다는 의미이므로 (나)의 뜻이 알맞고, (2) 박을 갈라지게 한다는 의미이므로 (가)의 뜻이 알맞습니다.

2일 욕심에 관한 속담   15-17쪽

어휘 알기

뱁새, 풍자, 간결하다

독해력 기르기

01 욕심

02 (1)-(다) (2)-(가) (3)-(나)

03 (1) ×

04 승재

05 ① 황새 ② 욕심 ③ 속담

어휘력 더하기

이름을 나타내는 말 (1)-정강이 (2)-가랑이
헷갈리는 말 (1) 부친 (2) 붙이다

| **독해력 기르기** |

01 이 글에서 설명한 속담들의 공통점은 모두 욕심에 대한 내용을 담은 것입니다.

02 '가는 토끼 잡으려다 잡은 토끼 놓친다'라는 속담은 욕심을 부리다 이미 가진 것까지 잃을 수 있다는 뜻입니다. '뱁새가 황새 따라가면 가랑이 찢어진다'는 억지로 남을 따라 하다 큰 피해를 본다는 의미의 속담입니다. '혹 떼러 갔다 혹 붙여 온다'라는 속담은 이익을 얻으려고 하다가 오히려 손해를 보게 되는 상황을 뜻합니다.

03 속담은 짧은 문장에 깊은 의미를 담아 효과적으로 뜻을 전달할 수 있다고 했습니다. 따라서 (1)이 알맞지 않습니다.

04 지호가 말한 상황은 동생이 능력에 맞지 않는 일을 억지로 하려 하는 상황이므로 '뱁새가 황새 따라가면 가랑이 찢어진다'라는 속담이 더 어울립니다. 보아가 말한 열심히 공부하는 것은 과한 욕심을 부리는 것이 아니고, 공부를 한다고 피해 입는 것도 아니므로 속담에 알맞은 예를 들었다고 할 수 없습니다.

05 이 글에서 설명한 속담의 뜻을 간단히 정리하면서 글의 전체 내용을 요약해 봅니다.

| **어휘력 더하기** |

이름을 나타내는 말 (1) 축구를 하다 친구의 무릎 아래 부분을 차는 상황이므로 '정강이'가 알맞고, (2) 다리가 벌어지는 부분에 풍선을 끼고 뛰는 상황이므로 '가랑이'가 알맞습니다.

헷갈리는 말 (1) 편지를 보내는 상황이므로 '부친'이 알맞고, (2) 혹을 얼굴에 대서 떨어지지 않게 하는 상황이므로 붙이다가 알맞습니다.

3일 황금알을 낳는 거위 19-21쪽

어휘 알기

살림, 보리쌀, 제일가다

독해력 기르기

01 (2) ○ (3) ○
02 (1)-㉮ (2)-㉣
03 이준
04 (1) ○
05 ① 황금알 ② 욕심 ③ 거위

어휘력 더하기

뜻이 비슷한 말 (1) 다수 (2) 판매하다 (3) 자르다 (4) 붙들다
뜻이 여러 개인 말 (1) ③ (2) ① (3) ②

| 독해력 기르기 |

01 농부 부부는 거위가 황금알을 낳아 부자가 되자 점점 게을러졌으므로 (1)은 알맞지 않습니다.

02 농부 부부는 황금알을 한꺼번에 얻기 위해 거위 배를 갈랐습니다. 거위 배를 가른 결과 거위는 죽고 다시는 황금알을 가질 수 없게 되었습니다.

03 이준이가 말한 내용은 농부 부부가 욕심을 부린 경우에 해당되므로 욕심을 부리지 않았을 때의 이야기를 짐작한 것이라 할 수 없습니다.

04 농부 부부가 부자가 되어 편안해지고 행복했으나 이것에 만족하지 못하고 욕심을 부려 불행해진 것이므로 (1)은 이러한 내용을 잘못 파악하고 말한 감상입니다.

05 농부 부부에게 일어난 일을 중심으로 내용을 요약해 봅니다.

| 어휘력 더하기 |

뜻이 비슷한 말 (1) '여럿', '다수'는 수가 많은 것을 나타내는 말입니다. (2) '팔다', '판매하다'는 상품 따위를 값을 받고 남에게 넘긴다는 의미입니다. (3) '가르다'는 잘라서 양쪽으로 열어젖히는 의미이므로 비슷한말은 '자르다'입니다. (4) '붙잡다'와 '붙들다'는 놓치지 않게 꽉 쥔다는 의미입니다.

뜻이 여러 개인 말 (1)은 살림살이가 모자라지 않다는 의미이므로 ③의 뜻으로, (2)는 시간이 남는다는 의미이므로 ①의 뜻으로, (3)은 마음이 넓다는 의미이므로 ②의 뜻으로 쓰였습니다.

4일 지나친 욕심은 나라까지 망친다 23-25쪽

어휘 알기

왕권, 독재, 몰락하다

독해력 기르기

01 ③   02 ①
03 서진
04 (3) ○
05 ① 욕심 ② 백성 ③ 나라

어휘력 더하기

뜻이 비슷한 말 짓밟다-억압하다, 빼돌리다-훔치다, 망하다-몰락하다
준말 (1) 거둬들였다 (2) 거둬들이다 (3) 거둬들였다

| 독해력 기르기 |

01 이 글은 지나친 욕심은 나라까지 망하게 할 수 있으므로 지나친 욕심을 부리지 말자고 주장하는 글입니다. 이러한 주장을 뒷받침하는 예로 프랑스의 왕 루이 14세가 저지른 잘못에 대해 설명한 것이지 루이 14세가 나라를 위해 한 일들을 설명한 것은 아닙니다. 따라서 알맞지 않은 것은 ③입니다.

02 이 글에 루이 14세가 백성들에게 불만이 많았다는 내용은 나오지 않으므로 알맞지 않은 것은 ①입니다.

03 마르코스 대통령이 반성한 내용은 나오지 않으므로 현이의 생각은 알맞지 않습니다. 마르코스 대통령은 나라에서 쫓겨날 만큼 큰 잘못을 저질렀으므로 이를 불쌍하다고 여긴 윤서의 생각도 알맞지 않습니다.

04 왕이나 대통령에게 어느 정도 욕심이 있는 것이 나라를 발전시키는 데 도움이 될 수 있겠지만, 이 글의 요점은 지나친 욕심이 가져오는 문제이므로, (3)은 이 글을 읽고 느낀 점으로 알맞지 않습니다.

05 글쓴이의 주장과 근거가 잘 드러나도록 내용을 요약해 봅니다.

| 어휘력 더하기 |

뜻이 비슷한 말 제시된 문장에서 '짓밟다'가 자유를 함부로 침해하는 의미로 쓰였으므로 비슷한말은 '억압하다'입니다. '빼돌리다'는 몰래 빼내어 감추어 두는 의미이므로 '훔치다'가 비슷한말입니다. '망하다'와 '몰락하다' 모두 멸망하여 없어진다는 의미입니다.

준말 '거두어들이다'를 줄여 쓴 말은 '거둬들이다'입니다.

해답·해설 **2주** 날씨

5일 욕심은 나쁠까, 좋을까?
27-29쪽

어휘 알기

이롭다, 모조리, 맹렬히, 고되다

독해력 기르기

01 (1) ○ (4) ○
02 ②, ⑤
03 희진
04 (1) ○　　　　**05** ① 피해 ② 꿈 ③ 발전

어휘력 더하기

뜻이 비슷한 말 (1) 신중히 (2) 매우
올바른 띄어쓰기 (1) (나는∨밥을)∨못∨먹었다. (2) (나는∨밥을∨먹지)∨못했다.

| 독해력 기르기 |

01 유연이는 욕심이 좋지 않다는 입장입니다. 욕심이 좋지 않은 까닭으로 욕심이 남에게 피해를 줄 수 있고, 욕심 때문에 불행해질 수 있다고 말했습니다.

02 승헌이는 욕심이 나쁘지만은 않다는 입장으로, 운동선수들이 승부욕 덕분에 힘든 훈련을 이겨 낼 수 있고, 기업들이 경쟁하여 생활이 편리해졌다고 말했습니다.

03 유연이는 욕심이 좋지 않다고 생각하는 입장입니다. 따라서 욕심의 부정적인 면에 대해 말한 희진이가 유연이와 비슷한 생각을 하고 있습니다.

04 승헌이는 승부욕 때문에 더 열심히 노력하고, 더 발전한다고 말했습니다. (2)의 예처럼 반칙을 쓰거나 상대를 방해하며 이기려는 행동은 승헌이가 말한 승부욕과는 차이가 있습니다.

05 토론을 한 두 친구의 주장과 주장을 뒷받침하는 근거가 잘 드러나도록 내용을 요약해 봅니다.

| 어휘력 더하기 |

뜻이 비슷한 말 (1) '무조건', '무작정', '무턱대고'는 모두 잘 헤아려 보지 않고 하는 상태를 의미하고, '신중히'는 매우 조심스럽다는 의미입니다. (2) '적당히', '적절히', '어지간히'는 모두 수준이 보통에 가깝거나 정도에 알맞은 상태를 의미하고 '매우'는 보통 정도보다 훨씬 더한 상태를 나타냅니다.
올바른 띄어쓰기 (1) '못'이 서술어 앞에 쓰일 때엔 서술어와 띄어씁니다. (2) '~지 못하다'의 구성일 때엔 '못하다'를 붙여 씁니다.

1일 구름 박사, 루크 하워드
33-35쪽

어휘 알기

협회, 분류, 짜임새, 난감하다

독해력 기르기

01 ④
02 (2) ○ (3) ○
03 권운, 적운, 층운
04 (2) ○
05 ① 구름 ② 이름 ③ 모양

어휘력 더하기

이름을 나타내는 말 (1) 권운 (2) 적운 (3) 층운
올바른 표기 (1) 갈래 (2) 갈래 (3) 갈래

| 독해력 기르기 |

01 루크 하워드는 어려서부터 하늘의 구름 모양을 기록하는 것을 좋아했는데 그때마다 구름에 이름이 없어서 불편함을 느꼈습니다. 과학 모임에 가입해 구름을 연구하고 구름에 대한 이야기를 나눌 때에도 구름 이름이 없으니 불편함을 느끼고 구름에 이름을 붙이기로 결심했습니다.

02 루크 하워드는 구름의 모양과 높이에 따라 구름을 분류하고 이름을 붙여 발표했고, 그 내용은 미국의 대백과사전에 실립니다. 이후에도 루크 하워드는 날씨 연구와 관찰을 꾸준히 했습니다.

03 루크 하워드는 구름을 권운, 적운, 층운 세 갈래로 나누었습니다. 그리고 이 세 가지 구름이 합쳐져 나타나는 구름도 다시 나누어 이름 붙였습니다.

04 루크 하워드는 식물학자 린네가 동식물을 분류한 방법을 그대로 따라 한 것이 아니고, 그 분류 방법을 응용하여 구름에 이름을 붙였습니다. 이것은 쉬운 일이 아니고, 아무도 하지 못했던 일을 한 것이므로 (2)의 의견은 알맞지 않습니다.

05 루크 하워드가 한 일을 중심으로 전체 내용을 요약해 봅니다.

| 어휘력 더하기 |

이름을 나타내는 말 짧고 성긴 머리카락 모양의 구름은 '권운', 뭉실뭉실한 모양의 구름은 '적운', 안개처럼 층 모양으로 뜨는 구름은 '층운'입니다.
올바른 표기 '갈래'가 올바른 표기입니다.

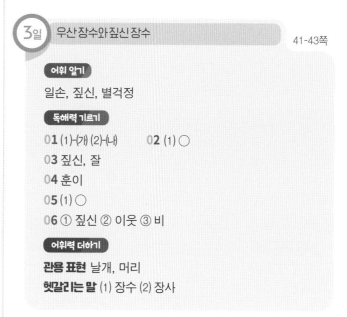

2일 오늘의 일기 예보입니다   37-39쪽

어휘 알기

내륙, 해상, 농도

독해력 기르기

01 일기 예보   **02** ②

03 (1) ○ (3) ○

04 ③

05 (3) ○

06 ① 기온 ② 미세먼지 ③ 건조

어휘력 더하기

이름을 나타내는 말 (1)-(나) (2)-(라) (3)-(가) (4)-(다)

올바른 표기 (1) 대체로 (2) 대체로 (3) 대체로 (4) 대체로

| **독해력 기르기** |

01 이 글처럼 앞으로의 날씨를 예상하여 사람들에게 알려 주는 것을 '일기 예보'라고 합니다.

02 이 글에 비에 대한 예보 내용은 없으므로 알려 준 내용이 아닌 것은 ②입니다.

03 미세먼지는 전국에서 보통 수준을 보이지만 서울, 인천, 경기 지역에서 오전에 미세먼지가 나쁘다고 했으므로 (2)는 알맞지 않습니다. 서해 쪽에 바다 안개가 짙게 끼고 제주도 남쪽 먼바다에 바람이 강하게 분다고 했으므로 (4)도 알맞지 않습니다.

04 ㉢은 대기 상태가 건조하면 불이 잘 붙어 산불 등 화재가 발생하기 쉬우니 작은 불도 조심하라는 의미입니다. 따라서 ③이 바르지 못한 설명입니다.

05 이 글에서는 안개가 많이 끼는 지역과 주의할 점을 안내해 주고 있습니다. 일기 예보는 기상 상태를 예측하여 알려 주는 것이지, 자연 현상을 막을 수 있는 것은 아니므로 안개를 없앨 수 있어서 좋다고 한 (3)은 일기 예보를 잘못 이해하고 말한 것입니다.

06 일기 예보에서 알려 주는 중요한 정보를 중심으로 내용을 요약해 봅니다.

| **어휘력 더하기** |

이름을 나타내는 말 날씨와 관련된 낱말들의 뜻을 익혀 봅니다.

올바른 표기 '대체로'가 올바른 표기입니다.

3일 우산 장수와 짚신 장수   41-43쪽

어휘 알기

일손, 짚신, 별걱정

독해력 기르기

01 (1)-(가) (2)-(나)   **02** (1) ○

03 짚신, 잘

04 훈이

05 (1) ○

06 ① 짚신 ② 이웃 ③ 비

어휘력 더하기

관용 표현 날개, 머리

헷갈리는 말 (1) 장수 (2) 장사

| **독해력 기르기** |

01 이 글에서 어머니는 맑은 날에는 우산 장수인 큰아들의 장사가 잘 안 될 것을 걱정하고, 비 오는 날에는 짚신 장수인 작은아들의 장사가 잘 안 될 것을 걱정했습니다.

02 이웃 아주머니는 어머니에게 맑은 날에는 짚신 장수인 작은아들, 비 오는 날에는 우산 장수인 큰아들의 장사가 잘될 것을 생각하라고 했습니다.

03 어머니는 이웃 아주머니의 말을 들은 후 날씨에 따라 아들들이 잘 팔 수 있는 것을 생각하게 됩니다.

04 이 글은 같은 일도 어떻게 생각하느냐에 따라 행복해질 수도, 불행해질 수도 있음을 알려 주는 이야기입니다. 이러한 교훈을 잘 파악한 친구는 주승과 라임입니다.

05 이 글은 어려운 상황도 긍정적인 생각으로 헤쳐 나갈 수 있다는 교훈이 담긴 이야기이므로 (1)의 한자 성어가 가장 잘 어울립니다.

06 등장인물의 생각 변화를 중심으로 글의 내용을 요약해 봅니다.

| **어휘력 더하기** |

관용 표현 소나기가 내려 우산이 아주 잘 팔렸다는 의미이므로 '날개'가 들어가야 하고, 어떻게 물건을 많이 팔지 해결 방안을 생각해 보라는 의미이므로 '머리'가 들어가야 합니다.

헷갈리는 말 (1)은 우산 장사를 하는 사람이 들어가야 하므로 '장수'가 알맞고, (2)는 물건을 파는 일이 들어가야 하므로 '장사'가 알맞습니다.

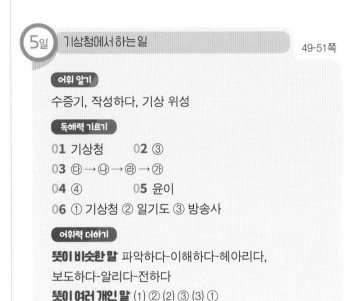

4일 점점 뜨거워지는 지구
45-47쪽

어휘 알기

대책, 손쓰다, 온실가스

독해력 기르기

01 지구 온난화   02 ①
03 (2) ○ (3) ○
04 다
05 (3) ○
06 ① 기온 ② 선인장 ③ 온실가스

어휘력 더하기

석(石)이 들어간 낱말 석(유), (화)석
꾸며 주는 말 (1) 비교적 (2) 비교적 (3) 전혀

5일 기상청에서 하는 일
49-51쪽

어휘 알기

수증기, 작성하다, 기상 위성

독해력 기르기

01 기상청   02 ③
03 다 → 나 → 라 → 가
04 ④   05 윤이
06 ① 기상청 ② 일기도 ③ 방송사

어휘력 더하기

뜻이 비슷한 말 파악하다-이해하다-헤아리다,
보도하다-알리다-전하다
뜻이 여러 개인 말 (1) ② (2) ③ (3) ①

| 독해력 기르기 |

01 이 글의 첫 문장에 지구 온난화에 대한 뜻이 나와 있습니다.

02 이 글의 두 번째 문단에서 지구 온난화로 인해 사막의 선인장이 사라질 위기에 놓였다는 설명이 나오므로 지구 온난화의 문제점이 아닌 것은 ①입니다.

03 (1) 대체 에너지를 개발하고 숲을 가꾸는 것은 지구 온난화 문제를 해결하기 위한 방법으로, 지구 온난화의 원인이 아닙니다.

04 이 그림은 온실가스로 인해 지구 밖으로 빠져나가는 열이 줄어드는 현상을 설명하는 그림입니다. 다 문단에서 온실가스가 많아지면 지구의 온도가 올라가는 현상에 대해 설명하고 있습니다.

05 이 글은 지구 온난화의 문제점과 심각성을 알리고, 지구 온난화를 늦출 수 있는 방법을 알리기 위해 쓴 글입니다. 지구 온난화를 해결하는 대체 에너지에 대해 구체적으로 설명하지는 않았으므로 (3)은 이 글의 목적을 잘못 이해하고 말한 것입니다.

06 지구 온난화의 뜻과 원인, 해결책을 중심으로 글의 내용을 요약해 봅니다.

| 어휘력 더하기 |

석(石)이 들어간 낱말 '돌 석(石)' 자는 돌의 뜻을 가지고 있어서 암석과 관련된 낱말에 많이 쓰입니다.
꾸며 주는 말 '전혀'는 '없다', '아니다'와 같이 부정을 나타내는 말과 함께 쓰이므로 (1)과 (2)에 어울리지 않습니다. (1)과 (2)에는 '비교적'이 어울리고, (3)에는 '전혀'가 어울립니다.

| 독해력 기르기 |

01 날씨에 대한 정보를 모으고 일기도를 만드는 일을 하는 곳은 기상청입니다.

02 이 글에서 기상청이 날씨를 예측하기 위해 모으는 정보로 제시한 것 중 하나는 구름의 움직임이지 태양의 움직임은 아닙니다.

03 기상청은 먼저 날씨 관련 정보를 모으고, 그 정보를 종합해 일기도를 만듭니다. 그중 사람들에게 알릴 내용을 정해서 방송사와 신문사로 보내면 방송사와 신문사에서 일기 예보를 만들어 보도합니다.

04 이 글은 기상청에서 하는 일에 대해 설명하는 글로, 기상청에서 일하는 사람들의 다양한 역할에 대해 설명한 글은 아닙니다.

05 윤이는 기상청에서 하는 일에 대해 잘못 이해하고 말했습니다.

06 기상청에서 하는 일을 중심으로 일기 예보가 어떻게 만들어지는지에 대한 내용을 요약해 봅니다.

| 어휘력 더하기 |

뜻이 비슷한 말 '파악하다'는 어떤 대상의 내용을 확실하게 이해하여 안다는 뜻으로 '이해하다', '헤아리다'와 뜻이 비슷합니다. '보도하다'는 신문, 방송 등으로 사람들에게 새로운 소식을 알린다는 뜻으로 '알리다', '전하다'와 뜻이 비슷합니다.
뜻이 여러 개인 말 (1)은 사람의 타고난 성질을 의미하고, (2)는 그림의 배경 부분을 의미하고, (3)은 어떤 현상의 근본을 이루는 것을 의미합니다.

1일 열두 동물 이야기

55-57쪽

어휘 알기

휘감다, 묵묵히, 고꾸라지다

독해력 기르기

01 ②
02 (1)-(나) (2)-(가) (3)-(라) (4)-(다)
03 (2) ○
04 (2) ○
05 ① 소 ② 쥐 ③ 열두

어휘력 더하기

꾸며 주는 말 (1)-(가) (2)-(나)
이어 주는 말 (1) 그러면 (2) 그러면 (3) 그리하여

| 독해력 기르기 |

01 쥐는 소 등에 올라탔다가 소가 옥황상제 앞에 도착하기 직전에 재빨리 뛰어내려 가장 먼저 도착한 동물이 되었습니다.

02 소는 쥐에게 일 등을 빼앗겨서 최고가 되지 못했고, 말은 뱀이 다리를 휘감는 바람에 넘어져서 최고가 되지 못했습니다. 호랑이는 토끼가 꼬리를 붙잡아 최고가 되지 못했고, 용은 여유를 부리다 뒤늦게 출발하여 최고가 되지 못했습니다.

03 쥐는 꾀를 부려 소 등에 올라타고, 소가 옥황상제 앞에 도착하려던 순간, 뛰어내려 일 등을 차지합니다. 이를 통해 쥐는 기회를 놓치지 않고 자신이 원하는 일을 해내는 성격임을 짐작할 수 있습니다.

04 쥐는 달리기가 빠르지 않았지만 일 등을 차지했습니다. 쥐는 달리기가 빨라서 일 등을 한 것이 아니므로 (2)는 알맞지 않습니다.

05 동물들이 달리기 경주를 한 까닭과 달리기 경주의 결과를 중심으로 전체 이야기를 요약해 봅니다.

| 어휘력 더하기 |

꾸며 주는 말 말이 달려 나가는 행동을 꾸며 주는 말은 '쏜살같이'이고, 아이가 계단에서 뛰어내리는 행동을 꾸며 주는 말은 '훌쩍'입니다.

이어 주는 말 (1) 길을 잃지 않을 조건이 나를 따라오는 것이므로 '그러면'이 알맞고, (2) 누가 최고인지 알아보는 조건으로 달리기 시합을 하자는 것이므로 '그러면'이 알맞습니다. (3) 호랑이가 빨리 달리지 못한 것은 소가 호랑이를 앞지른 것의 원인이 되므로 '그리하여'가 알맞습니다.

2일 최고를 알려 주는 통계

59-61쪽

어휘 알기

평균, 달성, 인구수

독해력 기르기

01 통계   02 ⑤
03 ④ → ⓒ → ㉮
04 ②   05 진서
06 ① 통계 ② 최고 ③ 인구

어휘력 더하기

뜻을 더하는 말 통계(상), 사실(상)
말의 순서 (1) 통계는 다양한 분야에서 이용된다. (2) 통계의 결과는 표와 그래프로 나타낸다.

| 독해력 기르기 |

01 이 글은 통계에 대해 설명하는 글로, 통계의 뜻은 첫 번째 문단에 나와 있습니다.

02 통계를 통해 과거 기록과 비교하며 변화를 파악하고 미래를 예측하기도 한다는 설명이 나와 있으므로 알맞지 않은 것은 ⑤입니다.

03 점심 급식 중 최고 인기 음식이 궁금할 때에는 급식에 나온 음식들을 조사 대상으로 정하고, 학생들에게 그중 가장 좋아하는 음식이 무엇인지를 묻는 조사를 합니다. 그리고 그 결과를 표나 그래프로 정리하면 가장 인기 있는 음식이 무엇인지 알 수 있습니다.

04 인구 통계는 인구수를 파악하고 그 결과를 숫자로 나타낸 것입니다. 자동차를 타는 사람의 수는 인구 통계이지만 사람들이 타는 자동차 수는 인구 통계라고 할 수 없습니다.

05 짝꿍의 생일을 알아보는 것과 오늘 결석한 학생이 누구인지 알아보는 것은 통계를 내지 않아도 알 수 있는 것입니다. 가장 인기 있는 가수가 누구인지는 반 친구들에게 좋아하는 가수를 조사하고, 가장 많은 표를 받은 가수가 누구인지 통계를 내야 알 수 있습니다. 따라서 통계가 필요한 상황을 알맞게 말한 친구는 진서입니다.

06 이 글에서 통계에 대해 설명한 내용을 요약해 봅니다.

| 어휘력 더하기 |

뜻을 더하는 말 '통계에 따른 측면'을 뜻하는 말은 '통계상', '실제 경우에 있어서'를 의미하는 말은 '사실상'입니다.

말의 순서 주어진 말의 순서를 바로잡아 올바른 문장을 써 봅니다.

어휘 알기

발간, 논쟁, 사사로이

독해력 기르기

01 기네스북   02 ④

03 (1) ○

04 ③

05 라

06 ① 기네스북 ② 최고 ③ 동물

어휘력 더하기

뜻이 비슷한 말 (1) 상대하다, 겨루다 (2) 작성하다, 적다

뜻이 여러 개인 말 (1) ② (2) ① (3) ①

어휘 알기

함성, 저주, 몰아내다

독해력 기르기

01 제우스   02 (1)-㈏ (2)-㈐ (3)-㈎

03 (1) ○   04 ㉯→㉮→㉰

05 (3) ○

06 ① 왕 ② 제우스 ③ 형제

어휘력 더하기

낱말의 반대말 믿다-의심하다, 토하다-삼키다, 숨다-나타나다

꾸며 주는 말 (1) 재빨리 (2) 전부 (3) 끝내

| 독해력 기르기 |

01 이 글은 세계 최고의 기록을 모아 놓은 기네스북에 대해 설명하는 글입니다.

02 이 글에 기네스북이 가장 많이 팔린 해에 대한 설명은 나와 있지 않습니다.

03 기네스북에는 동물, 사람, 자연과 건축물, 문화 예술 분야 등 다양한 분야의 최고 기록이 실린다는 설명이 나와 있으므로 (2)는 알맞지 않습니다. 기네스북은 해마다 가을에 발간된다고 했으므로 (3)도 알맞지 않습니다.

04 세계에서 가장 맛있는 음식은 가장 맛있다고 평가할 수 있는 기준과 답이 명확하지 않으므로 사람마다 다른 판단을 내릴 수 있어 기네스북에 실리지 않는 기록입니다.

05 제시된 글은 사람의 생명을 위태롭게 하여 기네스북에 실리지 않은 기록의 예를 설명하고 있습니다. 이와 관련한 내용이 나온 문단은 라입니다.

06 이 글에서 기네스북에 대해 설명한 내용을 요약해 봅니다.

| 어휘력 더하기 |

뜻이 비슷한 말 (1) '경쟁하다'는 상대와 서로 이기려고 겨룬다는 의미로 비슷한말은 '상대하다', '겨루다'입니다. (2) '기록하다'는 어떤 사실을 적는다는 의미로 비슷한말은 '작성하다', '적다'입니다.

뜻이 여러 개인 말 (1)은 식당이 으뜸으로 맛있다는 의미이므로 ②의 뜻으로 쓰였고, (2)는 가장 높은 점수를 의미하므로 ①의 뜻으로 쓰였고, (3)은 높이가 가장 높음을 의미하므로 ①의 뜻으로 쓰였습니다.

| 독해력 기르기 |

01 이 글은 최고의 신 제우스에 관한 이야기이므로 주인공은 제우스입니다.

02 크로노스는 가이아에게 저주를 받아 두려운 마음에 자식을 삼켜 버립니다. 레아는 크로노스에게 아이를 빼앗기지 않으려고 동굴에 들어가 몰래 제우스를 낳았습니다. 제우스는 아버지가 삼킨 형, 누나 들을 구합니다.

03 이 글에서 제우스는 형제들을 구하기 위해 토하는 약을 구해 아버지에게 먹인 것으로 보아 지혜롭다는 것을 알 수 있습니다. 또한 크로노스와 맞서 싸워 물리친 것으로 보아 용감하다는 것을 알 수 있습니다.

04 제우스가 크로노스를 물리친 과정을 순서대로 나열해 봅니다.

05 제우스 덕분에 형제들은 다시 태어나게 되었고, 제우스를 도와 크로노스를 물리칠 수 있었습니다. 제우스가 왕이 되었다고 속상해하는 상황이 아니므로 (3)의 감상은 알맞지 않습니다.

06 이야기의 주요 사건을 중심으로 전체 내용을 요약해 봅니다.

| 어휘력 더하기 |

낱말의 반대말 '믿다'의 반대말은 '의심하다'입니다. '토하다'의 반대말은 '삼키다'이고, '숨다'의 반대말은 '나타나다'입니다.

꾸며 주는 말 제우스가 동굴에 숨는 동작을 꾸며 주는 말은 '재빨리'가 알맞고, 아파서 먹은 것을 모두 토하는 것을 꾸며 주는 말은 '전부'가 알맞고, 크로노스가 마침내 제우스의 화살에 맞는 상황을 꾸며 주는 말은 '끝내'가 알맞습니다.

5일 '최고'와 '행복'의 관계　71-73쪽

> **어휘 알기**
>
> 집착, 경쟁자, 아쉽다
>
> **독해력 기르기**
>
> 01 최고, 행복
> 02 (3) ○
> 03 (2) ○　　　04 ③
> 05 (2) ○
> 06 ① 기쁨 ② 최고 ③ 스트레스
>
> **어휘력 더하기**
>
> **뜻을 더하는 말** 행복(감), 성취(감)
> **올바른 표기** (1) 헛된 (2) 헛된 (3) 헛되지

| 독해력 기르기 |

01 '최고가 되어야 행복한가?'라는 질문에 대해 율아는 '그렇다'고 생각하는 입장이고, 다람이는 '아니다'라고 생각하는 입장입니다.

02 (1)과 (2)는 최고가 된다고 행복한 것은 아니라는 의견이고, (3)은 최고가 되어야 행복하다는 의견이므로 나머지 두 개와 다른 의견은 (3)입니다.

03 '최고가 되어야 행복하다'라는 주장을 뒷받침하는 의견으로 최고가 되면 자신의 노력이 헛되지 않았다는 만족감과 기쁨을 느낄 수 있고, 최고가 되지 못하면 아쉽고 속상하다고 했습니다.

04 토론 과정에서 토론에 참여한 두 사람의 의견은 변화되지 않았고, 자신의 생각을 굽히지 않았습니다. 따라서 알맞지 않은 것은 ③입니다.

05 다람이는 최고가 된다고 행복한 것은 아니며, 최선을 다한 결과에 만족할 수 있으면 행복하다는 의견을 말했습니다. 다람이와 같은 의견을 말한 친구는 (2)입니다.

06 토론 주제에 대한 서로 다른 의견을 중심으로 글의 내용을 요약해 봅니다.

| 어휘력 더하기 |

뜻을 더하는 말 충분한 만족과 기쁨을 느끼는 마음은 '행복감', 목적한 바를 이루었다는 느낌은 '성취감'입니다.

올바른 표기 '헛되다'가 올바른 표기이므로 (1)과 (2)는 '헛된', (3)은 '헛되지'가 알맞습니다.

1일 자린고비와 달랑곱재기　77-79쪽

> **어휘 알기**
>
> 흉년, 곳간, 배곯다
>
> **독해력 기르기**
>
> 01 (1) ○ (2) ○
> 02 ②　　　03 (2) ○
> 04 ②, ④
> 05 (2) ○
> 06 ① 부자 ② 구두쇠 ③ 곡식
>
> **어휘력 더하기**
>
> **흉내 내는 말** (1)-덕지덕지 (2)-알뜰살뜰
> **낱말의 기본형** (1) 기워 (2) 깁는 (3) 기워

| 독해력 기르기 |

01 (3)은 자린고비의 친구 달랑곱재기가 한 행동입니다.

02 자린고비에게는 달랑곱재기라는 친구가 있었으므로 알맞지 않은 것은 ②입니다.

03 자린고비는 굴비를 먹지 않고 쳐다보기만 할 뿐 아니라 두 번 쳐다보는 것도 아깝다 생각하여 가족들에게 굴비를 한 번씩만 쳐다보라고 말한 것입니다.

04 자린고비가 절약한 까닭은 돈을 아껴서 꼭 필요할 때 쓰거나 힘든 사람을 돕기 위한 것임을 알 수 있습니다.

05 자린고비는 친한 친구인 달랑곱재기에게도 구두쇠 노릇을 했으므로 (1)의 감상은 알맞지 않고, 자린고비가 가진 것을 베풀어 이웃을 도운 것이 소용없다고 생각한 (3)의 감상도 알맞지 않습니다. 자린고비의 정신을 이해하고 가장 알맞은 감상을 말한 것은 (2)입니다.

06 자린고비가 한 일을 중심으로 이야기 내용을 요약해 봅니다.

| 어휘력 더하기 |

흉내 내는 말 기운 옷의 모양과 반창고를 붙인 모양을 공통으로 나타내는 말은 '덕지덕지'이고, 재산을 모으는 모습과 아끼는 모습을 공통으로 나타내는 말은 '알뜰살뜰'입니다.

낱말의 기본형 기본형 '깁다'를 문장의 빈 곳에 알맞은 형태로 바꾸어 써 봅니다.

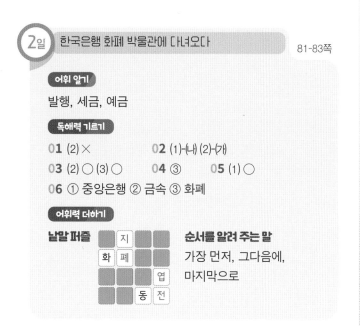

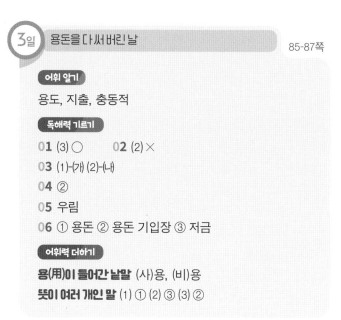

2일 한국은행 화폐 박물관에 다녀오다 81-83쪽

어휘 알기

발행, 세금, 예금

독해력 기르기

01 (2) ×
02 (1)-(나) (2)-(가)
03 (2) ○ (3) ○
04 ③
05 (1) ○
06 ① 중앙은행 ② 금속 ③ 화폐

어휘력 더하기

낱말 퍼즐

	지		
화	폐		
			엽
		동	전

순서를 알려 주는 말
가장 먼저, 그다음에,
마지막으로

3일 용돈을 다 써 버린 날 85-87쪽

어휘 알기

용도, 지출, 충동적

독해력 기르기

01 (3) ○
02 (2) ×
03 (1)-(가) (2)-(나)
04 ②
05 우림
06 ① 용돈 ② 용돈 기입장 ③ 저금

어휘력 더하기

용(用)이 들어간 낱말 (사)용, (비)용
뜻이 여러 개인 말 (1) ① (2) ③ (3) ②

| 독해력 기르기 |

01 이 글은 화폐 박물관에 다녀와서 쓴 견학 기록문입니다. 화폐 박물관을 다른 사람에게 소개하는 글은 아니므로 (2)가 알맞지 않습니다.

02 글쓴이는 먼저 '우리의 중앙은행' 전시실에 가서 한국은행이 하는 일에 대해 알아보았고, '화폐 광장' 전시실에서 우리나라 시대별 화폐와 세계 각국의 화폐를 보았습니다.

03 '우리의 중앙은행' 전시실을 견학한 후 한국은행에 대해 알게 된 내용을 썼지만, 그에 대한 글쓴이의 생각과 느낌은 드러나 있지 않으므로 (1)은 이 글에 나타난 내용이 아닙니다.

04 물물 교환 이후 사람들은 소금, 쌀 등의 물품을 화폐처럼 사용하다가 금속 화폐를 사용하게 되었으므로 ③이 알맞지 않습니다.

05 물물 교환, 물품 화폐, 금속 화폐, 종이 화폐로의 변화는 사람들이 값을 지불하는 방법을 더 편리하게 변화시키게 된 과정입니다. 물품 화폐는 작고 가벼운 돈보다 불편하고 정확하지 않은 지불 방법이므로 (2)의 생각은 알맞지 않습니다.

06 글쓴이가 견학을 간 장소에서 보고, 알게 되고, 생각한 것을 중심으로 전체 내용을 요약해 봅니다.

| 어휘력 더하기 |

낱말 퍼즐 가로 풀이, 세로 풀이에 알맞은 낱말을 써 봅니다.
순서를 알려 주는 말 '가장 먼저', '그다음에', '마지막으로'와 같이 순서를 나타내는 말로 문장을 연결해 봅니다.

| 독해력 기르기 |

01 글쓴이는 용돈을 아껴 쓰는 방법을 기록해 놓고 앞으로 그대로 실천하기 위해 일기를 썼습니다.

02 (2) 남은 용돈을 모두 저축하는 방법은 글쓴이가 찾은 방법이 아닙니다.

03 ㉠ 기분에 따라 돈을 쓰는 예로는 (가)가 알맞습니다. ㉡ 용돈을 계획적으로 쓰는 예로는 (나)가 알맞습니다.

04 ㉢은 나 말고 다른 사람을 위해 쓰는 돈입니다. ㉣ 학교 준비물을 사는 돈은 나를 위해 쓰는 돈이므로 ㉢에 해당하는 돈이 아닙니다.

05 이 글을 통해 지출 목표를 세우고 용돈을 절약하면 꼭 필요한 것을 사는 데 돈을 쓸 수 있다는 것을 알 수 있습니다. 따라서 우림의 의견은 알맞지 않습니다.

06 일기를 쓴 목적인 용돈 관리법을 중심으로 전체 내용을 요약해 봅니다.

| 어휘력 더하기 |

용(用)이 들어간 낱말 '쓸 용(用)' 자는 '쓰다'의 뜻을 가지고 있어서 '쓰다'와 관련된 낱말에 '쓸 용(用)' 자를 사용합니다.

뜻이 여러 개인 말 (1)은 사과의 값을 잘 몰라서 묻는 상황이므로 ①의 뜻으로 쓰였고, (2)는 가진 게 비교적 적다는 의미이므로 ③의 뜻으로 쓰였고, (3)은 먹는 양을 정하지 않고 마음껏 먹으라는 의미이므로 ②의 뜻으로 쓰였습니다.

어휘 알기

식료품, 중고차, 백만장자

독해력 기르기

01 (1)-(나) (2)-(가)
02 (1)✕　　03 (2) ○
04 (3) ○　　05 (2) ○
06 ① 돈 ② 백만장자 ③ 재산

어휘력 더하기

뜻이 비슷한 말 소박하다-검소하다, 기부하다-기증하다,
운영하다-경영하다
뜻이 여러 개인 말 (1) ① (2) ②

| 독해력 기르기 |

01 워런 버핏의 어릴 적 꿈은 서른다섯 살에 백만장자가 되는 것이
었고, 이제 자신의 재산을 사회에 나눠 주며 부자로 죽지 않겠다
는 새로운 꿈을 이뤄 가고 있습니다.

02 워런 버핏이 유명한 백만장자에 대해 알아보았다는 내용은 나오
지 않으므로 알맞지 않은 것은 (1)입니다.

03 워런 버핏이 자신의 목표를 이루기 위해 적극적으로 공부하고 노
력하는 모습을 통해 알 수 있는 성격으로 가장 알맞은 것은 (2)입
니다.

04 ㉠의 의미는 부를 가진 사람이 사회에 부를 나눠 줄 때 돈을 더
가치 있게 쓸 수 있다는 것입니다.

05 워런 버핏이 무조건 자신의 전 재산을 기부해야 한다고 말한 것
은 아니므로 (1)의 감상은 알맞지 않고, 워런 버핏을 그대로 따라
한다고 누구나 부자가 될 수 있는 것은 아니므로 (3)의 감상도 알
맞지 않습니다.

06 워런 버핏이 이룬 일을 중심으로 전체 내용을 요약해 봅니다.

| 어휘력 더하기 |

뜻이 비슷한 말 '소박하다', '검소하다'는 '사치하지 않고 꾸밈없이 수수하
다'란 뜻입니다. '기부하다', '기증하다'는 '남을 돕기 위하여 물건 따위를
조건 없이 내놓다'란 뜻입니다. '운영하다'와 '경영하다'는 '기업이나 사업
체 따위를 관리하고 꾸려 나가다'란 뜻입니다.
뜻이 여러 개인 말 (1)은 아빠가 일해서 돈을 얻었다는 의미이므로 ①
의 뜻이고, (2)는 시간을 아꼈다는 의미이므로 ②의 뜻입니다.

어휘 알기

실물, 지불하다, 유출되다

독해력 기르기

01 가상 화폐, 전자 지갑
02 (1)-(나) (2)-(가)
03 (2)✕　　04 ③
05 종원
06 ① 전자 ② 실물 ③ 스마트폰

어휘력 더하기

뜻이 비슷한 말 (1) 그대로 (2) 간절히
헷갈리는 말 (1) 결제한다 (2) 결제했다 (3) 결재했다

| 독해력 기르기 |

01 이 글은 현금과 신용 카드를 대체할 수 있는 새로운 결제 방법인
가상 화폐와 전자 지갑에 대해 설명하는 글입니다.

02 가상 화폐는 지폐나 동전 같은 실물이 없이 인터넷 공간에서 사
용할 수 있는 화폐입니다. 전자 지갑은 스마트폰에 모바일 신용
카드 등을 모아 놓은 것입니다.

03 가상 화폐는 그 화폐를 발행한 사이트나 기업이 정해 놓은 곳에
서만 사용할 수 있다는 설명이 나와 있으므로 (2)의 내용이 알맞
지 않습니다.

04 이 글에 가상 화폐를 만드는 대표 기업이 어디인지에 대한 설명
은 나와 있지 않으므로 알 수 없는 것은 ③입니다.

05 이 글에 가상 화폐와 전자 지갑의 편리성에 대한 설명이 나와 있
으므로 이것을 이해하고 앞으로 전자 지갑의 이용이 늘어날 것
이라고 예측한 종원의 의견이 알맞습니다.

06 가상 화폐와 전자 지갑에 대해 설명한 내용을 중심으로 글을 요
약해 봅니다.

| 어휘력 더하기 |

뜻이 비슷한 말 '제멋대로', '멋대로', '마음대로' 모두 '자기가 하고 싶은
대로'의 의미를 가지는 낱말입니다. '간단히', '단순히', '간편히' 모두 '복
잡하지 않고 간략하게'라는 의미의 낱말입니다.
헷갈리는 말 (1)과 (2)는 물건값을 치른다는 의미이므로 '결제하다'가
알맞고, (3)은 사장님이 서류를 검토하여 승인한다는 의미이므로 '결
재하다'가 알맞습니다.

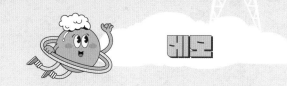

메모